Tout le monde a besoin d'un coach

Thibaut Schepman

Tout le monde a besoin d'un coach

Stock

Ouvrage publié avec le concours d'Ariane Molkhou

Maquette de couverture : Michael Prigent
Illustration : Stéphane Trapier

ISBN 978-2-234-09825-1

À Christophe,
pour toujours mon plus fidèle lecteur

Introduction

« Moi, je vous aime.
Vous comprenez ? Je vous aime. »

Pascal Dupraz, mai 2016

Je n'ai rien contre le coaching.

Au contraire, il me fascine.

Il y a cette scène, même pas bien filmée, que j'ai regardée tant de fois et qui m'a parfois fait couler les larmes.

Mai 2016, dans une salle étroite aux murs blancs. Des néons jaunes étouffés sous un plafond bas éclairent tant bien que mal une trentaine de personnes portant leur tenue de travail : un survêtement noir.

Un homme à la calvitie avancée prend la parole avec un débit calme : « Pour réussir ce soir dans cette entreprise, il faut vraiment que vous soyez animés d'autres choses que vos qualités humaines. Je vais me foutre à poil devant vous. Je vais vous dire ce que peu de coachs vous disent, mais je m'en fous de ce que les autres disent [...]. Moi, je vous aime. Vous comprenez ? Je vous aime. »

Crescendo : « Ce que vous accomplissez, c'est juste gigantesque. Vous méritez de vous maintenir. » Il répète, martèle certains mots : « Vous méritez de vous maintenir. Ça fait deux mois et demi que je vous dis que vous allez vous maintenir. » Il hurle désormais – prophète charismatique ou manager en colère ? « C'est maintenant qu'il faut le faire. C'est pas demain. C'était pas hier. C'est maintenant. Y a plus qu'à manger. Le couvert, il est dressé. »

Celui qui parle, c'est Pascal Dupraz, le coach du club de football de Toulouse, le TFC. Il avait repris les rênes de l'équipe trois mois plus tôt, alors qu'elle était quasiment promise à la relégation. Réputé meneur d'hommes, il avait dit à ses troupes le jour de son arrivée : « Un jour, on ne dira plus que dans la situation du TFC, avec 22 points après la 28e journée, aucune équipe ne s'est maintenue. Car cela se sera réalisé[1]. »

Effectivement, sa prophétie est à une victoire de s'accomplir. Si le TFC gagne, le coach

1. « TFC : un miracle signé Dupraz », 15 mai 2016, https://france3-regions.franceinfo.fr/occitanie/haute-garonne/toulouse/tfc-un-miracle-signe-dupraz-998193.html.

aura remporté son pari. Dupraz termine sa performance en diffusant aux joueurs un montage vidéo où leurs proches – enfants, parents, conjoints – leur adressent des messages d'amour et d'encouragement. Le neveu d'un des joueurs lance en souriant : « Je suis sûr que vous allez gagner. Allez, il faut gagner tonton. » À la fin de la projection, certains joueurs sèchent leurs larmes. Le coach conclut, la voix soudainement apaisée : « À l'issue de la rencontre, vous serez des héros. »

On a tellement envie qu'ils gagnent, hein ?

Ils ont gagné.

Le scénario est parfait. 69e minute. Score : 2-2. Il manque encore un but. Juste un. Dupraz fait entrer un jeune joueur sans expérience, Yann Bodiger. Il lui murmure, comme habité : « C'est avec ta patte gauche. Je ne sais pas pourquoi, j'ai l'impression que c'est toi qui dois... ce soir. » Quelques minutes plus tard, Bodiger envoie un tir superbe du pied gauche en pleine lucarne. Victoire. Maintien en Ligue 1. Bodiger ne marquera plus jamais dans ce championnat. Ce tir du gauche, c'est donc le but d'une vie. Parce qu'un coach a réussi ce jour-là à faire advenir la meilleure version de lui-même ? Il est tentant d'y croire. Le mélange d'intuition, de chance, d'assurance et de parole performative réuni ce jour-là par Pascal Dupraz me passionne.

Le coach dit quelque chose, et ça devient vrai. J'en redemande, j'avoue[1].

Face à ce genre d'anecdotes, je peux me surprendre à penser que chaque projet humain mériterait un meneur ou une meneuse capable de transcender un groupe. Mais l'histoire peut être racontée autrement. Étienne Didot, joueur de Toulouse ce jour-là, confiera plus tard à *L'Équipe* que la stratégie de Dupraz était « à double tranchant ». Il estime que son équipe a réalisé son plus mauvais match de la saison, à cause de l'excès d'émotion justement : « On a craqué, on chialait, il y avait trop d'émotions[2]. » Très fébriles, les Toulousains ont encaissé un but assez vite dans la rencontre et leur attaquant pourtant aguerri a complètement manqué un penalty.

D'autres histoires cassent le mythe du coach thaumaturge. Rembobinons jusqu'en 2007. La Coupe du monde de rugby débute en France. Le sélectionneur Bernard Laporte pense mobiliser ses troupes en leur faisant lire la dernière lettre de Guy Môquet, jeune résistant fusillé par les nazis :

---

1. Ironie algorithmique. Après avoir revu la vidéo pour l'écriture de ce livre, les algorithmes me proposeront souvent des contenus montrant des discours de coachs inspirants et inspirés. Dont ceux de Pascal Dupraz, qui sera à partir de septembre 2024 la star d'une émission de télé-réalité dans laquelle il a pour mission de coacher « la pire équipe de foot d'Île-de-France ».

2. Yohann Hautbois, « Les causeries célèbres (1/4) : "Dupraz m'a fait monter aux rideaux" », *L'Équipe*, 24 janvier 2022.

« Je vais mourir… » L'équipe, tétanisée, subira une déroute historique.

C'est le problème des intuitions. Quand ça marche, c'est magique. Mais quand ça rate, ça rate.

En tant que journaliste, j'ai enquêté depuis 2014 – notamment pour le journal d'investigation *Les Jours* et sa série « Conspiration » – sur un grand nombre de personnes aimées comme des gourous et/ou pointées du doigt comme des charlatans. Ces expériences m'ont vacciné contre les excès d'assurance et contre la mystique de l'intuition qui fait mouche. Pour *Les Jours*, j'ai mené une enquête – titrée avec génie par mes collègues « Moi, coach et méchant » – sur l'emprise et les manipulations dans le coaching. Dedans, l'autrice du passionnant podcast *Méta de choc*[1], Élisabeth Feytit, m'alertait : « Le coaching, c'est l'eldorado de la manipulation mentale. […] Tous les coachs ne sont pas des manipulateurs, mais le coaching est un outil de rêve pour les manipulateurs. » Ce livre est la poursuite de cette enquête.

Pascal Dupraz et Bernard Laporte sont aujourd'hui conférenciers en entreprise. Ils interviennent tous deux devant des cadres et managers à propos du leadership et du dépassement de soi, le premier évoquant même les sujets du bien-être et

1. *Méta de choc – Le podcast de pensée critique appliquée à soi*, metadechoc.fr.

de la qualité de vie au travail. Ils ont ainsi rejoint les rangs des très nombreux formateurs et coachs en entreprise, ces casquettes étant souvent interchangeables.

La Fédération internationale du coaching, la plus grande association mondiale de coachs, estimait en 2022 que l'industrie valait 4,6 milliards de dollars et que le nombre de coachs avait augmenté de 54 % entre 2019 et 2022[1]. En France, selon la sociologue Scarlett Salman, environ 10 000 personnes ont été formées au coaching, dont 5 000 exercent au moins occasionnellement et 2 500 adhèrent à une association professionnelle. Et ce sans compter les « coachs sauvages » qui exercent sans formation, certification ni association. L'État lui-même s'est converti. Depuis 2018, la plupart des ministères, le Sénat et diverses institutions publiques majeures ont signé des contrats de coaching pour des centaines de milliers voire des millions d'euros. Certaines prestations y frôlent les 2 000 euros de l'heure[2].

1. Elle dénombre plus de 110 000 coachs adhérents à une association de coachs dans le monde en 2025.

2. En 2021, *Lalettre* révélait un accord de 1,64 million d'euros entre le Secrétariat général du gouvernement et cinq entreprises de coaching pour hauts fonctionnaires. L'un des contrats, de 720 000 euros, concernait « une quarantaine de têtes de pont de l'administration centrale » pour « trois à cinq sessions de deux heures ». Un calcul de coin de table donne 720 000/(40×2×5) = 1 800 euros de l'heure.

Il peut pourtant suffire de quelques mois ou quelques semaines de formation pour proposer ses services en tant que coach. Avec quelle efficacité ? Quelle légitimité ? Quelle déontologie ? Quels rapports entre coachs et coachés ? Telles sont les questions qui motivent l'écriture de ce livre.

On abordera aussi les sujets qui fâchent. Vous lirez les témoignages de salarié·es malheureux·ses ou malmené·es au travail à qui l'on a proposé un coaching plutôt que de sanctionner un·e manager toxique ou de diminuer l'insoutenable charge de travail. Vous croiserez ici un·e coach capable, en trois phrases et devant des milliers de témoins, de convaincre une femme de quitter immédiatement son conjoint. Vous croiserez des gens qui ont dilapidé des dizaines de milliers d'euros en coaching dans l'espoir de devenir riches. Aujourd'hui, iels sont pauvres.

Vous croiserez des gens qui ont cru un célébrissime coach en développement personnel jusqu'à en mourir, mais aussi un coach capable de demander, et d'obtenir, des dizaines de milliers d'euros, deux véhicules de fonction et l'accès gratuit à une dépendance familiale de la part de clients certes très riches mais semble-t-il manipulés. Vous verrez un coaché « en pleine décompensation », incapable de distinguer, dans ses pensées, sa propre voix de celle du coach à succès qu'il a côtoyé pendant un stage. Vous croiserez des femmes agressées sexuellement par des coachs, et l'une des coachs les plus estimées du pays victime d'une tentative d'assassinat alors qu'elle cherchait à mieux réguler ce milieu. On se demandera aussi ce que le métier de coach dit du travail aujourd'hui, et ce que le coaching et ses valeurs ont changé dans nos entreprises, dans nos métiers et dans nos sociétés.

J'ai décidé de suivre, moi aussi, mon intuition : il me fallait m'immerger en profondeur dans la relation entre coachs et coachés. Et si je devenais coach ? J'ai imaginé fabriquer de toutes pièces un ou une coach à l'aide d'une intelligence artificielle. J'aurais façonné une image à diffuser sur Instagram, je lui aurais donné une voix à partager en podcast ou sur TikTok, j'aurais publié des textes motivationnels sur LinkedIn et dans des newsletters. C'est loin d'être impossible. En Espagne, un designer a conçu à l'aide d'intelligences artificielles le personnage d'une influenceuse, Aitana Lopez, qui plaît aux marques et compte 360 000[1] abonnés sur Instagram.

Et ce n'est pas nouveau dans le milieu du bien-être. En 2015, je dévoilais dans une enquête les dessous de la principale lettre d'information de l'époque sur la santé dite naturelle (elle revendiquait 600 000 lecteurs réguliers, 800 000 aujourd'hui) : *Santé Nature Innovation*, signée par un prétendu

1. En juin 2025.

« journaliste scientifique né en 1976 » nommé Jean-Marc Dupuis.[1] Depuis 2011, plusieurs concurrents et spécialistes des mensonges sur le Web ont avancé que ce Jean-Marc Dupuis n'existe pas.[2] Aujourd'hui, SNI reconnaît que ce nom est un nom de plume.[3] Ce dernier aurait été inventé pour une maison d'édition dont les fondateurs ont des méthodes commerciales très controversées et des idées politiques extrêmement conservatrices. Et que dire du fascinant documentaire *Kumaré*, dans lequel le réalisateur américain Vikram Gandhi se fait passer pour un gourou indien et constitue une petite communauté de fidèles en Arizona en livrant des conseils spirituels et des techniques de développement personnel ? Alors, pourquoi ne pas moi aussi inventer un personnage de coach, et ainsi décrypter comment on influence son monde en 2024 ?

Parce que ce n'est pas ma place. J'ai toujours écrit et enquêté du côté des victimes. Je ne veux pas être du côté de celleux qui ont confiance en elleux et en leurs intuitions, de celleux qui influencent, qui travestissent la réalité voire qui manipulent ou arnaquent. Je veux écrire du côté de celleux à qui

---

1. Thibaut Schepman, « Vaccins, abeilles, vin bio : les machines à pétitions attaquent la planète », *Rue89*, 10 novembre 2015.

2. « Jean-Marc Dupuis, M. Santé Nature, existe-t-il ? », https://web.archive.org/web/20140714052019/http://www.hoaxbuster.com/forum/jean-marc-dupuis-m-sante-nature-existe-t-il.

3. https://www.santenatureinnovation.com/questions-reponses/

on ment, de celleux qui font confiance et qui malheureusement le regrettent. Bien sûr, je ne veux pas écrire un livre contre les coachs et le coaching[1]. Il est certain que beaucoup de coachs font du bon boulot. Et je ne veux surtout pas moquer ou disqualifier celleux qui ont recours aux coachs, et encore moins celleux qui y trouvent leur compte. Mais je veux écrire pour les coachés et les victimes du coaching, en pointant du doigt les coachs qui se comportent mal et en décryptant leurs méthodes. Tout simplement parce qu'il me semble que jusqu'alors seules les success stories du coaching sont racontées.

Une solution : me faire moi-même accompagner par un·e coach s'estimant capable de m'aider à transformer mon travail en succès. Mes moyens sont limités. J'ai un budget de cinq cents euros. D'après les prix annoncés par les associations professionnelles de coaching, cela devrait me permettre de passer à peine trois heures avec un·e coach[2].

1. Je n'écris pas non plus pour les coachs et le coaching, ce genre de contenus est déjà largement accessible, par exemple via ces références : « Tout le monde a besoin d'un coach » (conférence TED de Bill Gates), « David Laroche, coach à tout prix » (*Les Échos*), « Coaching : ces célébrités que les entreprises s'arrachent à prix d'or » (*Capital*), « Le coaching de dirigeants, un atout incontournable au service de la performance des entreprises » (*Forbes*).

2. Heureusement, je ne suis pas dirigeant. Si c'était le cas, le tarif serait bien plus élevé. Dans le podcast "Combien ça gagne" animé par Clémence Lepic, le "coach pour dirigeants" Nicolas Half

Au lancement de ce projet, je me crois en position de force, gagnant quoi qu'il arrive. Soit ce coaching fonctionne, me dis-je, et mon livre s'en trouvera amélioré. Soit mon coach défaille, me manipule, m'escroque ou me prodigue des conseils inadaptés… et j'aurai matière à raconter. Mon instinct et mes enquêtes passées me font forcément pencher – voire espérer, pour être franc – vers la seconde option. Mais je me promets de tenter d'adhérer au maximum au dispositif du coaching. Difficile de choisir d'y croire, en revanche on peut se prêter au jeu avec application.

Au moment où j'écris ces dernières lignes – quelques mois plus tard, donc – je mesure l'arrogance de cette posture. Non seulement j'imaginais pouvoir me confronter à d'éventuel·les manipulateur·ices sans me faire avoir. Mais, en plus, j'imaginais pouvoir les manipuler moi-même. Le manipulateur du manipulateur est à la fois un justicier et un petit malin, et j'ai voulu et cru pouvoir me glisser dans la peau confortable de ce personnage sans en subir les conséquences. Je vous laisse juge de ce qui va suivre. De mon côté, je résumerai ainsi la situation : rien ne s'est passé comme je l'avais prévu, mais je me suis bien fait coacher.

---

indique facturer 750 euros ses sessions de coaching qui peuvent durer de 1 h 30 à 3 h.

I

Le Grand Rangement : comment l'industrie du coaching teste les humains

Ce qu'un test gratuit m'apprend sur ma personnalité exceptionnelle

Je suis un génie. Ou, du moins, j'ai pas mal de points communs avec l'un des plus grands génies de l'Histoire, Albert Einstein, si l'on en croit les résultats d'un outil considéré comme tout à fait sérieux voire incontournable dans le milieu du coaching et dans le monde de l'entreprise en général : le MBTI (pour Myers and Briggs Type Indicator). C'est très souvent par ce test que commencent les coachings. C'est donc avec lui que démarre cette enquête.

D'après l'entreprise détentrice des droits du MBTI, des dizaines de millions de personnes l'auraient déjà passé. Aujourd'hui appelée The Myers-

Briggs Company, la société américaine assure que son « indicateur », basé sur des questionnaires réunissant plusieurs dizaines de questions, est utilisé dans 440 des 500 plus grandes entreprises du pays. La journaliste américaine Annie Murphy Paul a rapporté[1] qu'aux États-Unis, des universités utilisent ce test pour assortir les colocataires ou pour « animer les séances d'orientation des étudiants ». Elle décrit également comment certaines entreprises y ont recours de façon systématique, les associés du cabinet de conseil McKinsey connaissant par exemple « par cœur » les types MBTI de leurs collègues.

Ce test, et les formations vendues par The Myers-Briggs Company pour devenir « coach » ou « praticien » MBTI, ont aussi du succès dans une centaine d'autres pays, avec certains pics de popularité fascinants. En 2022, le site d'information anglophone coréen Korea Joong Ang Daily puis CNN racontaient comment la Corée du Sud est subitement « tombée amoureuse » du MBTI. C'est allé très loin, et très vite. Un tiers des utilisateurs des applis de rencontre s'en servent désormais pour sélectionner des personnes a priori compatibles, tandis que des candidats aux élections

1. Annie Murphy Paul, *The Cult of Personality Testing: How Personality Tests Are Leading Us to Miseducate Our Children, Mismanage Our Companies, and Misunderstand Ourselves*, Free Press, 2004.

présidentielles ont publié les résultats de leur test de personnalité dans une tentative de séduction de leurs potentiels électeurs. Les enfants coréens de demain seront en partie nés d'une sélection par le MBTI, au même titre que leurs dirigeants. Et ils passeront probablement ce test au travail. Certaines offres d'emploi s'adressent déjà directement aux candidats en fonction de leur type de personnalité : « Si votre MBTI commence par un E, n'hésitez pas à postuler. Nous acceptons aussi les personnes en I, mais pas les INFP, les INTP et les INTJ. »

Le sens de ces suites de lettres vous semble cryptique ? Leur clé de déchiffrement est simple. La première lettre est forcément un I (pour introverti) ou un E (pour extraverti). La seconde est soit un S (pour sensation) soit un N (pour intuition, vu que le I était déjà pris). La troisième un T (pour *thinking*, réflexion) ou un F (pour *feeling*, sentiment) et la quatrième un P (pour perception) ou un J (pour jugement). Chaque lettre divise l'humanité en deux, le test produisant seize cases censées contenir l'infinie variété des êtres.

Une description « prodigieusement exacte »

Et en France ? Si vous fréquentez les applications de rencontre (on affiche sur plusieurs d'entre elles son type MBTI comme on dévoile sa taille ou ses orientations sexuelles), si vous avez déjà postulé à une offre d'emploi en tant que cadre (20 % d'entre eux passent un test de personnalité dès leur processus de recrutement, un chiffre qui monte à 35 % dans les entreprises de plus de 250 salariés selon une étude de l'APEC[1]), si vous avez été coaché·e, vous avez très probablement déjà croisé ces suites de lettres.

Ce n'était pas mon cas, et, puisque je veux me frotter au coaching, il va falloir m'y soumettre. À mon tour, donc. Problème : le test officiel est protégé par des droits d'auteur. Pour le passer, je dois m'adresser à un coach certifié MBTI. Je tente ma chance avec un cabinet spécialisé, on me propose un devis avec test MBTI (30 minutes) et restitution (1 h 30) à 350 euros hors taxes. C'est cher. Mais logique. Pour être autorisé à faire passer ce test, il faut avoir suivi chez The Myers-Briggs Company une formation qui demande un investis-

1. APEC, « Comment sont recrutés les cadres ? », https://www.apec.fr/tous-nos-outils/sourcing---analyser-les-pratiques-efficaces.html#:~:text=Comment%20sont%20recrutés%20les%20cadres,-sont%20les%20processus%20de%20recrutement.

sement en temps plutôt faible (4 jours en présentiel puis 2 modules d'e-learning de 3 h 30 chacun) mais une très importante somme d'argent (4 428 euros). Les coachs spécialistes du MBTI doivent donc rentabiliser leur mise. Mon problème, c'est que je souhaite réserver mon budget de 500 euros à un coaching qui m'aide vraiment dans l'écriture de ce livre, pas à un simple test de personnalité. Je décide de me rabattre sur une version gratuite du test trouvée de bien radine façon : en tapant dans Google « test de personnalité MBTI gratuit ». Je tombe sur un site qui promet lui aussi de catégoriser les êtres humains selon 16 types de personnalités : « Obtenez en 10 minutes seulement une description prodigieusement exacte de qui vous êtes et des raisons qui sous-tendent vos agissements ». Je fonce, je clique, j'ai hâte de répondre aux questions.

La séduction des miroirs déformants

J'apprendrai ensuite que ma recherche Google est au cœur d'un différend commercial entre la société Myers-Briggs Company, détentrice des droits du test MBTI, et l'entreprise qui édite le site gratuit. Quand je la contacte par mail, la première me dit combattre « ces imitations non autorisées enfreignant nos marques déposées ». Elle me rappelle ensuite que le MBTI officiel « ne peut être administré que par des spécialistes certifiés (le plus souvent des coachs, ndr) ». La seconde répondra : « Pour éviter toute confusion, veuillez noter que notre test n'est pas le même que le MBTI et notre approche diffère de celle de Myers-Briggs à bien des égards. »

J'en arrive à mon résultat : INTJ. Me voilà testé, classé, rangé. Je suis semble-t-il introverti, je fais plus confiance à mes raisonnements qu'à mes sentiments, je suis très analytique et cérébral en somme. Pas très fun, hein ? Le personnage cubique qui illustre mon résultat me remonte un peu le moral. Il arbore une moustache fournie et des sourcils épais, il a aussi une coupe de cheveux indisciplinée et des yeux ronds comme des billes qui lui donnent un air mêlant sagesse et malice.

J'y vois d'autant plus Albert Einstein que le texte de résultats insiste sur ma prétendue intelligence : « vous possédez une rare combinaison de vision et de pragmatisme » ou « votre autonomie, combinée à vos prouesses intellectuelles, vous permet d'aborder des problèmes complexes avec confiance et innovation ». J'apprends également qu'une certaine Isabel Myers a estimé en 1962 que mon groupe, celui des INTJ, est un club très sélect (moins de 1,5 % de ceux qui passent le test peuvent se vanter d'y appartenir), dont les membres obtiendraient les QI les plus élevés.

Un génie, je vous dis.

Admettons-le, j'aime à me reconnaître dans cette description psychologique. C'est logique, c'est ce que nous font toutes les descriptions de personnalité. Oui, toutes. Dès la fin des années 1940, le psychologue américain Bertram Forer démontrait que nous avons intuitivement tendance à reconnaître n'importe quelle description de personnalité, même imprécise, comme étant fidèle à la nôtre.

Ce biais cognitif est depuis connu sous le nom d'effet Barnum, du nom de l'homme d'affaires américain du XIXe siècle Phineas Taylor Barnum[1].

Forer avait proposé à ses étudiants de répondre à un questionnaire, puis leur avait remis à chacun une « description personnalisée » en leur demandant de noter sa pertinence de 0 (médiocre) à 5 (excellent). La note moyenne fut de 4,26. Il révéla alors la supercherie : tous avaient reçu le même texte, un amalgame d'horoscopes du genre : « Vous avez besoin d'être aimé mais vous êtes critique envers vous-même » ou « vous avez des points faibles mais vous savez les compenser »[2]. Des évi-

1. Ce dernier était surnommé « prince des charlatans », entre autres pour sa capacité à manipuler les individus en prétendant être capable de lire et décrire leur personnalité.

2. La suite : « À l'extérieur vous êtes discipliné et vous savez vous contrôler, mais à l'intérieur vous tendez à être préoccupé et pas très sûr de vous-même. Parfois vous vous demandez sérieusement si vous avez pris la bonne décision ou fait ce qu'il fallait. Vous préférez une certaine dose de changement et de variété, et devenez

dences qui nous rassemblent. Des travaux ultérieurs ont montré que nous sommes d'autant plus enclins à juger ces descriptions pertinentes qu'elles nous sont fournies par une figure d'autorité et/ou qu'elles comportent principalement des traits positifs. Compris, Einstein ?

Je continue mes recherches et découvre qu'appartiendraient également aux INTJ Michelle Obama (« c'est classe », me dis-je), Mark Zuckerberg (« je vais finir par me faire à l'idée que mes compétences sociales sont largement inférieures à la moyenne », poursuis-je), Elon Musk (« OK, c'est flippant »), Gandalf le Gris (« Non mais attends c'est vraiment n'importe quoi ? Comment un magicien imaginaire aurait pu passer le MBTI ? Et, d'ailleurs, Michelle Obama, Elon Musk et Mark Zuckerberg l'ont-iels vraiment passé ? »).

---

insatisfait si on vous entoure de restrictions et de limitations. Vous vous flattez d'être un esprit indépendant ; et vous n'acceptez l'opinion d'autrui que dûment démontrée. Vous avez trouvé qu'il était maladroit de se révéler trop facilement aux autres. Par moments vous êtes très extraverti, bavard et sociable, tandis qu'à d'autres moments vous êtes introverti, circonspect et réservé. Certaines de vos aspirations tendent à être assez irréalistes. »

L'improbable saga des tests de personnalité

Face à ce bric-à-brac d'informations douteuses, je tente d'exercer mon esprit critique. D'où vient ce test incontournable ? Qui l'a inventé ? Je trouve les réponses, étranges et dérangeantes, dans un podcast et deux livres passionnants[1].

L'histoire commence par un drame intime à Washington DC, à la fin du XIXe siècle. Katharine Briggs est une jeune mère au foyer endeuillée par la mort de deux nourrissons. À la naissance de sa troisième fille, Isabel, elle se lance dans un projet ambitieux qu'elle nomme « Le laboratoire cosmique pour la formation des bébés ». Ce n'est ni plus ni moins qu'une tentative de professionnaliser la fonction parentale en utilisant sa fille comme cobaye. Ses méthodes éducatives qui impliquent de tenter de cerner la personnalité des enfants semblent porter leurs fruits : sa fille est en avance au niveau scolaire et des parents du quartier sollicitent Katharine pour prendre en charge leurs propres enfants.

Après vingt ans de travail appliqué, Katharine découvre les écrits du psychanalyste volontiers mystique Carl Gustav Jung, qui estime possible

1. Podcast : *The Rise of the MBTI indicators*, Science Diction. Livres : Merve Emre, *The Personality Brokers*, et Annie Murphy Paul, *The Cult of Personality Testing.*

de regrouper les humains selon des archétypes psychologiques qu'il a lui-même définis à l'aide de ses observations. Fascinée, Katharine décide – après que Carl Jung lui est apparu en rêve – de brûler ses écrits et de consacrer sa vie à ce nouveau projet : permettre aux individus de connaître leur type psychologique, selon la classification jungienne. Sans formation en psychologie, elle construit sa propre grille, mélangeant ses intuitions aux concepts de Jung. Elle reprend une partie du vocabulaire du psychanalyste, à commencer par les catégories « introverti » et « extraverti »[1]. Mais, pour le dire gentiment, elle ne rencontre pas son public et Carl Jung lui-même reste circonspect par rapport à l'utilité de sa démarche.

La filiation entre mère et fille se complique quand Katharine rejette l'homme qu'aime Isabel, issu d'un milieu social différent et dont les idées politiques ne lui correspondent pas – c'est un fermier de l'Iowa qu'elle qualifie de « socialiste ». Convaincue que son amour s'explique par une compatibilité de personnalité logique et démontrable avec son conjoint, Isabel reprend à partir des années 1940 les recherches maternelles. Son projet prend la forme d'un questionnaire aux résultats binaires (on est soit introverti soit extraverti, jamais entre

1. Ces termes, passés depuis dans le langage courant, ont été proposés en 1921 par Jung dans son livre *Types psychologiques*.

les deux) et toujours positifs (il n'y a pas de mauvaise personnalité, chacune a ses qualités et ses défauts).

Après des débuts difficiles – un proche collaborateur dénoncera le manque de consistance de son outil – elle trouve péniblement une petite clientèle de managers et dirigeants convaincus que l'identification des types de personnalité facilite l'organisation du travail.

La rencontre tardive avec une psychologue qui est devenue son amie, caution scientifique et partenaire commerciale, va l'aider à vendre des tests de façon plus large. Mais ce sont finalement des éditeurs californiens spécialisés dans la psychologie – Consulting Psychologists Press (CPP) – qui vont racheter l'indicateur en 1975 et le transformer en véritable produit commercial, en raccourcissant les questions et créant des livrets très attirants et bien édités. Quand Isabel meurt en 1980, le chiffre d'affaires de CPP avait été multiplié par dix. Ce n'était que le début de leur sucess story.

Quand le test devient prison

Voilà donc l'étrange généalogie du MBTI, cet outil présenté aujourd'hui par tant de coachs, facilitateurs et dirigeants comme la pierre angulaire du management moderne. Et ce test n'est que la partie émergée d'un iceberg de pratiques aux fondements tout aussi bancals.

Prenez le DISC[1], premier concurrent du MBTI sur le marché des typologies humaines. Son créateur ? William Moulton Marston, psychologue certes, mais surtout père du personnage de Wonder Woman et inventeur du détecteur de mensonges – un outil clinquant, mais très peu opérant selon le consensus scientifique.

Quant à l'outil Process Com (pour Process Communication Model), basé sur un test de personnalité appelé Personality Pattern Inventory (PPI), il dérive directement de l'analyse transactionnelle, figurant depuis 2010 dans une liste de pratiques à risque établie par la Miviludes (Mission interministérielle de vigilance et de lutte contre les dérives sectaires)[2]. L'organisme précise vouloir « attirer l'attention de chacun sur les risques inhérents » aux techniques mentionnées dans sa liste puisqu'« elles sont non éprouvées » et « ne bénéficient d'aucune reconnaissance légale », mais

1. L'acronyme DISC signifie Dominant, Influent, Stable, Consciencieux. Ce test évalue votre style de communication et vos traits de personnalité en vous classant selon ces quatre catégories, souvent représentées par les couleurs rouge, jaune, vert et bleu.

2. Miviludes, « Quelles sont les méthodes les plus répandues ? », https://www.miviludes.interieur.gouv.fr/quest-ce-quune-dérive-sectaire/où-la-déceler/les-dérives-sectaires-dans-le-domaine-de-la-santé/quell.

aussi parce que « l'absence de formation reconnue sur le plan légal peut induire un amateurisme de la part de certains pseudo-praticiens ».

L'ennéagramme, outil très apprécié des coachs et des recruteurs, figure lui aussi dans cette liste. Il est né des pensées occultes du gourou gréco-arménien Georges Gurdjieff, accusé par d'anciens disciples – dont les journalistes Louis Pauwels et Jean-François Revel[1] – d'être un escroc et un manipulateur. Certain·es voient également dans les conseils de santé loufoques du gourou l'explication de la mort de la poétesse britannique Katherine Mansfield dans le château de la secte basé à Avon (Seine-et-Marne).

Dans son livre *La Prochaine Fois que tu mordras la poussière*, l'humoriste et auteur Panayotis Pascot détaille sa rencontre avec une thérapeute adepte de l'ennéagramme. Il est en souffrance psychologique et se paye ses services faute de pouvoir consulter un psychiatre : ils sont trop rares en France, il peine à obtenir un rendez-vous. La thérapeute décide de lui attribuer un archétype de personnalité, avec ses qualités (il chercherait la vérité) et ses défauts (il se mentirait sur ses propres envies, il ne s'aimerait pas beaucoup). Visiblement, cette attribution est une très mauvaise idée thérapeutique.

---

1. Jean-François Revel, *Le Voleur dans la maison vide*, Plon, 1997.

L'humoriste décrit une crise d'angoisse une fois cette séance terminée : « Je sais déjà que je ne vais pas dormir cette nuit et ne faire qu'y penser. » À la sortie du cabinet, il se sent mal, s'imagine même sauter sous les roues d'une voiture. Son frère doit rester à ses côtés quelque temps pour « le surveiller ». « Connasse », écrira plus tard l'humoriste en repensant à sa thérapeute et à son ennéagramme.

J'ai lu l'un des ouvrages de référence[1] sur l'ennéagramme écrit par un coach français, Jean-Philippe Vidal. Dès les premières pages, l'auteur définit les neuf types de personnalité résumant l'humanité. Je cherche celui de Panayotis Pascot avant de m'arrêter sur le mot « isolation » – au lieu d'« isolement » – utilisé par l'auteur pour désigner des personnes qui « s'offrent peu au monde ». Cette négligence lexicale soulève, je trouve, des questions sur la rigueur générale de l'ouvrage. Plus gênant encore, l'auteur s'appuie sur certaines théories pseudo-psychologiques invalidées depuis plusieurs décennies déjà[2]. Malgré tout ce que vous venez de lire, contester l'utilisation de

1. Jean-Philippe Vidal, *L'Ennéagramme. Découvrez quel est votre profil et réalisez votre potentiel*, Eyrolles, 2017.

2. Un exemple : il revient en détail sur la théorie du « cerveau triunique » née dans les années 1950 et qui, pour résumer, avance que nous avons trois cerveaux empilés les uns sur les autres : un cerveau reptilien, un cerveau des émotions et un cerveau des « fonctions mentales supérieures ». Une idée contestée dès sa sortie et définitivement invalidée depuis au moins trois décennies.

l'ennéagramme par des coachs et consultants a valu à des salariés de Fleury Michon un sacré paquet de déconvenues, cette enquête vous le montrera.

Des prophètes en col blanc

Fleury Michon n'est pas la seule grande entreprise exposée à des tests de personnalité potentiellement dangereux. De 1998 à 2004, l'énorme groupe agrochimique Aventis (né de la fusion de Rhône-Poulenc avec trois autres entreprises) avait fait appel à un cabinet de conseil dirigé par le consultant Marc Lévitte. Cet intervenant avait convaincu Aventis de l'utilité de son outil dérivé du DISC, appelé « roue des couleurs » ou « Success Insights » et dont le principe consiste à associer une couleur à chaque personnalité.

L'affaire était lucrative : une session de test de personnalité pour vingt salariés, durant deux jours, était facturée 26 000 euros[1]. Une somme astronomique pour un questionnaire et quelques heures d'interprétation. Le site de l'entreprise listait pourtant comme clients Bouygues, British Airways, Canon, Kodak, EDF-GDF, France Télécom,

1. « Une secte qui programme très cher le bonheur, rien de bien nouveau… Élan vital, une secte plus pernicieuse qu'il n'y paraît », *l'Humanité*, 9 mai 2001.

Hewlett-Packard, IBM, Philips, Shell, Siemens ou encore Yves Saint Laurent. Problème : cet intervenant, qui a fait passer ce test à des centaines de salariés d'Aventis, a aussi été pendant huit ans[1] président de l'association Élan Vital, anciennement appelée Mission de la lumière divine et considérée en France comme un mouvement sectaire depuis 1995. Et pour cause, ce mouvement prônant l'élévation spirituelle et la méditation semblait alimenter le compte en banque de son gourou Maharaji.

D'anciens adeptes et plusieurs articles accusent Marc Lévitte de mélange des genres[2], estimant que son travail lui permettait de prêcher la bonne parole d'Élan Vital. Cette affaire avait intéressé les parlementaires français, justifiant en 2005 une question au gouvernement indiquant que « la société Aventis avait été pénétrée par la secte Élan Vital, au travers d'un cabinet de conseil[3] ». Le même Marc Lévitte a ensuite continué à vendre ses services via d'autres cabinets. Aujourd'hui, il est devenu coach. Contacté pour cette enquête, Marc Lévitte n'a pas répondu à nos questions.

---

1. Dominique Foing, « Le scandale de la formation professionnelle (suite) : Les programmes fantaisistes sont légion et facturés au prix fort », *Capital.fr*, 11 août 2009.
2. https://www.ex-premie.org/french/sitemap-fr.htm.
3. Question écrite n° 48692 à l'Assemblée nationale https://www.assemblee-nationale.fr/dyn/12/questions/QANR5L12QE48692.

Cette contamination du monde professionnel par des tests douteux ne se limite pas au secteur privé. C'est aussi le cas d'organismes de formation et d'écoles parfois renommées. En 2019, l'école d'ingénieurs Télécom SudParis présentait ainsi l'ennéagramme, le MBTI et le DISC à ses étudiant·es[1]. Plusieurs écoles de commerce et management y ont recours dans le cadre de l'orientation de leurs étudiant·es[2]. C'est ainsi que la pseudoscience s'invite dans le parcours académique.

Et on pourrait citer bien d'autres tests, pour la plupart nés du cerveau créatif de certains coachs indépendants. Une foire aux méthodes où l'étrange côtoie le dangereux.

En la matière, le cas du « jeu » appelé « Jeu du Roi/Reine » est éloquent. Inventé par un thérapeute et maître tantrique[3] nommé Dominique Vincent, ce jeu vise à répartir les personnes qui y participent en six archétypes de personnalité inspirés des clas-

1. https://x.com/TelecomSudParis/status/1196371272504139778.

2. Thibaut Schepman, « À la fin, le coach a utilisé un tambour de chaman... », *Les Jours*, 23 octobre 2022.

3. Le tantrisme est un terme inventé par des Occidentaux au XIXe siècle pour désigner des textes et des rituels issus de certains mouvements hindouistes. Outre cette appropriation culturelle, on reproche aux maîtres tantriques de se concentrer sur les aspects sexuels de ces textes. Du formateur en coaching Dominique Vincent, on peut lire un texte appelé « Honorons notre pouvoir phallique ! », qui présente le « pouvoir phallique » comme « le pouvoir géniteur, de concevoir et de créer, le lieu de la semence qui explose de vie ».

sifications jungiennes. Or Dominique Vincent cite clairement comme référence un certain Osho[1]. Les abonné·es à la plateforme Netflix reconnaîtront l'un des surnoms[2] du gourou indien au cœur de la série *Wild Wild Country*. Osho est accusé d'arnaques et de manipulations, certains de ses adeptes de violences sexuelles, et ses très proches collaborateurs – dont son ex-bras droit Ma Anand Sheela – ont été accusés puis condamnés pour l'attentat de The Dalles, premier et pire épisode bioterroriste de l'histoire américaine. Rien que ça.

En avril 2021, le journal indépendant nantais *La Lettre à Lulu* s'offusquait du fait que le Gestalt-thérapeute[3] et ancien élu EELV de Nantes Jean-Philippe Magnen, formé à l'animation de ce jeu, ait vendu à l'équipe des élus de la majorité de la métropole nantaise deux séminaires de coaching pour une soixantaine de personnes, pour une facture totale frôlant les 20 000 euros. Le journal rapportait les étranges croyances du formateur de Jean-Philippe Magnen, le fameux Dominique Vincent donc, citant par exemple ce genre de propos : « Une personne, en abordant le

---

1. « J'ai été très proche du Maître Osho pendant les dix dernières années de sa vie. Sa présence et ses enseignements m'accompagnent toujours au quotidien avec une immense gratitude pour tout ce qu'il m'apporte encore aujourd'hui. »

2. Il est aussi nommé Acharya Rajneesh, Bhagwan Shree Rajneesh ou, plus modestement, « Seigneur de l'univers ».

3. La Gestalt-thérapie ne bénéficie d'aucune reconnaissance légale ni scientifique et a été plusieurs fois signalée pour ses dérives sectaires.

chakra du cœur, a rencontré et ressenti les émotions de ses ancêtres gazés à Auschwitz, ce qui a contribué à la guérison de son cancer des poumons. » Bien sûr, ce coach nantais n'est en rien responsable des croyances de Dominique Vincent, et encore moins des actes de celui qui l'a inspiré, Osho. Les formé·es interrogé·es par la presse ont assuré que ces séminaires leur ont semblé utiles. Dans un communiqué, le premier adjoint à la mairie de Nantes, Bassem Asseh, avait également affirmé : « Ces séminaires n'étaient ni de près ni de loin des temps de formation à une quelconque méthode de méditation ou de développement personnel. »

Quand je le rencontre en janvier 2025, Jean-Philippe Magnen m'explique ne pas se situer du côté de la « croyance » mais de l'« accompagnement de l'autre ». Il décrit le jeu du Roi/Reine comme un « outil pédagogique puissant ». Il défend qu'il s'agissait de séminaires d'équipe « assez classiques », facturés « selon les prix du marché » : 1 500 euros par jour de présence et par jour de préparation, à répartir entre lui et un autre intervenant. Depuis cette polémique, dont il dit avoir beaucoup souffert, Jean-Philippe Magnen continue à accompagner des « décideurs publics », entre autres à la direction générale de la ville et de l'agglomération de La Rochelle. Je ressors de cet entretien convaincu de sa bonne foi mais avec des questions non résolues : ces activités ont-elles leur place dans un cadre professionnel, a fortiori public ? Peut-on vraiment introduire au travail des méthodes qui, même habillées d'un vernis corporate, gardent des racines potentiellement problématiques ?

L'exemple le plus dramatique – mais malheureusement bien réel – d'usage problématique de tests de personnalité vient d'outre-Manche. L'*échelle de développement spirituel*, inventée par le psychiatre américain Scott Peck, a été utilisée par le coach britannique Paul Waugh dans son entreprise Lighthouse (« Le phare », en français). Cette échelle prétend mesurer l'évolution spirituelle des individus, leur attribuant une note allant de un à quatre. Oh, surprise ! Paul Waugh a toujours estimé qu'il était le seul être humain à avoir atteint le niveau quatre. Ses adeptes restaient classés de façon humiliante dans des catégories dites « chaotiques » et « enfantines ». Pour espérer grimper quelques échelons et s'approcher de la perfection spirituelle du maître, ses adeptes s'enfonçaient dans des séances de coaching toujours plus coûteuses. Certains y ont perdu leur maison, d'autres des centaines de milliers de livres sterling. La justice britannique a imposé en 2023 la fermeture de Lighthouse[1].

1. Podcast BBC, *A Very British Cult*, 5 avril 2023. Voir aussi : Catrin Nye, Natalie Truswell et Jamie Bartlett, « A Very British Cult : Inside Lighthouse, the life coaching cult that takes over lives », *BBC news*, 5 avril 2023.

Les tests de personnalité ne sont pas fiables

Cette avalanche de cas troublants confirme une réalité dérangeante : les tests de personnalité qui fleurissent dans nos entreprises, nos administrations et nos écoles partagent des origines tortueuses, parfois franchement inquiétantes. Vous ne serez pas étonné·es d'apprendre que les études questionnant leur validité scientifique leur sont en majorité défavorables. Vendus comme des scanners de précision, ils ne sont au mieux que des miroirs déformants.

Prenons l'exemple du MBTI, test le plus utilisé et l'un des moins controversés. Dès 1991, une étude estime que la typologie de personnalités proposée par le MBTI est « défectueuse ». La même année, l'académie nationale des sciences américaine se demande « pourquoi cet instrument est si largement utilisé, en particulier dans les grandes organisations », alors qu'il n'a pas apporté les preuves de son efficacité[1]. En 1993, le professeur de psychologie David Pittenger enfonce le clou et assure que les seize types de personnalités proposés par le test n'ont pas de fondement[2] et que son utilité n'est pas avérée[3].

1. Daniel Druckman et Robert A. Bjork (dir.), *In the Mind's Eye: Enhancing Human Performance*, National Academy Press, 1991, p. 80-104.
2. David Pittenger, « Measuring the MBTI... and coming up short », *Journal of Career Planning and Employement*, 1993.
3. David Pittenger, « The Utility of the Myers-Briggs Type Indicator », *Review of Educational Research*, n° 63, 1993, p. 467-488.

Plus dévastateur encore : son étude de 2005 établit que le test n'est même pas reproductible : la moitié des participants obtiennent un résultat différent en le repassant à cinq semaines d'intervalle[1].

Selon plusieurs études scientifiques, et selon l'avis général des spécialistes en psychométrie (nom donné à la science des mesures en psychologie) que j'ai interrogé·es, les autres tests sont tout aussi peu fiables.

Marine Paucsik, psychologue et maîtresse de conférence en psychopathologie clinique à l'université de Savoie Mont Blanc, aborde ces tests dans ses cours et confirme que « leur fiabilité est très faible » et qu'ils sont de « mauvais prédicteurs des performances au travail ». Le docteur en neurosciences et psychologue clinicien Albert Moukheiber est encore plus direct : « Ces tests ne sont pas plus fiables que des horoscopes. » Quant au psychologue Olivier Oullier, dont la chaire s'intitule « Psychologie et neuroscience des différences individuelles », il m'explique pourquoi « la personnalité ne peut pas être capturée par une série de questions ».

---

https://web.archive.org/web/20121018234428/https://rer.sagepub.com/content/63/4/467.abstract

1. « Cautionary Comments Regarding the Myers-Brigg Type Inventory », *Consulting Psychology Journal*, été 2005.

Au cœur de sa démonstration, il m'a appris que l'une des publications scientifiques les plus influentes et les plus citées de l'histoire de la recherche en psychologie démontre justement... que les êtres humains sont assez mauvais pour répondre à des questions sur leurs propres comportements ou sur les motivations de leur choix. Après cet entretien, je poursuivrai mes recherches sur l'auteur de la publication, Richard Nisbett. J'apprends avec lui que, contrairement à une idée très répandue, notre comportement est bien plus souvent lié au contexte qu'à notre personnalité intrinsèque[1] : « Lorsqu'un grand nombre de personnes sont observées dans un large éventail de situations, la corrélation entre le comportement et le trait de caractère est d'environ 20 % ou moins. Les gens pensent que la corrélation est d'environ 80 %. »

Par ailleurs, nos processus mentaux échappent largement à notre conscience. Au mieux, m'explique Oullier, les tests capturent donc « ce que les gens pensent de leur façon de penser », pas « comment ils pensent réellement ». « Il faut avoir bien peu d'estime pour la personnalité humaine, conclut le chercheur, pour continuer à utiliser ces tests en connaissant leur inefficacité. » Voilà qui est un peu

1. « Quel concept scientifique devrait être mieux connu ? », *Internet actu*, février 2017.

gênant pour un marché dont le chiffre d'affaires est évalué en centaines de millions de dollars[1].

Dans *Les Managers de l'âme*, la sociologue Valérie Brunel s'intéresse à plusieurs de ces tests, dont le MBTI et l'ennéagramme, et conclut qu'ils reposent sur des « simplifications abusives » et « privilégient clairement l'efficacité et l'adaptation sur la véracité scientifique ». Traduction : peu importe qu'ils soient faux, tant qu'ils servent le discours des managers et des ressources humaines. L'ancien DRH Didier Bille, dans son ouvrage *DRH, la machine à broyer*, confirme d'ailleurs depuis l'intérieur ce que beaucoup soupçonnent : ces tests n'ont en effet aucune validité mais permettent aux RH et aux consultants de « se crédibiliser » et d'enrober leurs décisions d'un « vernis scientifique » qui les protège de toute contestation.

Des alternatives aux tests existent

Heureusement, d'autres voies s'ouvrent. Le directeur de recherches au CNRS et chercheur en sciences cognitives Franck Ramus rappelle l'existence du modèle Big Five ou OCEAN (évaluant

1. Dans le numéro de mars-avril 2017 de la *Harvard Business Review*.

l'Ouverture, la Conscience morale, l'Extraversion, l'Agréabilité et le Neuroticisme) – libre de droits et scientifiquement plus solide. Si des managers souhaitent faire passer des tests Big Five à leurs salarié·es, iels peuvent faire appel à des personnes diplômées en psychologie et formées à la psychométrie. La psychologue Marine Paucsik suggère que les entreprises gagneraient à embaucher des psychologues et des psychologues du travail plutôt que des coachs : « Il est considéré comme plus valorisant de voir un coach que de voir un psychologue. On a encore l'image du psy qui ne fait qu'écouter quelqu'un dans un canapé, alors que le psy peut tout à fait faire le même boulot qu'un coach quand il s'agit de développer la communication, les compétences émotionnelles ou la confiance en soi. Et il le fera sûrement mieux, puisque la formation requise pour être coach n'est pas à la hauteur d'une formation de psychologue. »

On peut même se passer de tests psychologiques. Albert Moukheiber préconise pour ce faire des entretiens d'embauche menés par plusieurs personnes – managers et collaborateur·rices – qui ne se concertent pas préalablement pour éviter les influences réciproques. Cette méthode offre des perspectives variées et non biaisées sur les candidat·es. Albert Moukheiber rappelle aussi l'existence d'un outil peu sophistiqué mais redoutablement efficace : la période d'essai, parfaite pour évaluer réellement compétences et *soft skills* dans les conditions réelles du poste. Olivier Oullier, neuroscientifique et patron de la start-up Inclusive Brains, recrute lui aussi de cette façon. Sans tests, sans gadgets, sans typologie.

II

Mettre les humains dans des cases, les remettre dans le rang

Classés, casés, brisés

Dois-je vraiment confier l'architecture de ma vie ou de ma carrière aux résultats de mon test de personnalité ? Mon esprit critique se cabre devant cette perspective. Ce ne sera de toute façon pas possible, puisque les « clés d'utilisation » de mon test ne me sont pas fournies sur le site sur lequel je l'ai passé. Pour « révéler les facettes cachées de [ma] personnalité » et « bénéficier d'analyses et de conseils personnalisés pour [mon] développement personnel », il m'est à nouveau demandé de sortir ma carte bleue. Merci, mais non merci.

Je préfère explorer une question plus fondamentale : comment des tests dont la fiabilité est remise en cause par un examen critique continuent-ils à régner en maîtres dans nos entreprises ? Je commence par mettre en œuvre une méthode d'investigation parfaitement infaillible (non). En vérité, je dresse la liste de mes proches et connaissances ayant un compte LinkedIn et/ou exerçant un métier en rapport avec les ressources humaines et/ou une profession que je ne comprends pas tout à fait – l'un travaille dans un cabinet de conseil comme « accélérateur d'innovations et de réflexions collaboratives » ; un autre, cadre dans une multinationale américaine, se décrit avec cette suite de mots qui m'est énigmatique : « *broad strategic and financial leadership experience* ». Ces critères les rendent susceptibles à mes yeux d'avoir passé un test de personnalité au cours de leur carrière.

Verdict : l'intégralité de la dizaine de membres de ma cible avait entendu parler de ces tests et la quasi-totalité m'a confirmé en avoir passé au moins une fois. Toutes les personnes à qui j'ai parlé de ces tests semblaient plutôt convaincues de leur utilité, même si la réponse que j'ai le plus entendue peut être résumée ainsi : « Je ne me souviens plus de ce que ça avait donné mais ça correspondait plutôt bien à mon profil. » Effet Barnum, pensez-vous ? Exception notable : le cadre de la fameuse multinationale américaine se souvenait avec précision de son résultat MBTI, qui s'est avéré être le même à plusieurs reprises au cours de sa carrière.

Étiquetés pour la vie

Cette adhésion collective pose problème. Parce qu'elle confère aux tests un caractère performatif. C'est-à-dire qu'ils vont avoir pour effet pervers d'influencer la façon dont votre interlocuteur vous perçoit, m'explique Albert Moukheiber. Cette volonté de diriger le débat est d'ailleurs assumée. Certes, la Myers-Briggs Company alerte clairement contre les mésusages du MBTI. Elle soutient que son test n'est pas fait pour « mettre les gens dans des cases », rappelle que « chaque personne est unique » et suggère d'ailleurs de ne pas parler d'un « test MBTI » – ce que tout le monde fait en vérité – mais d'un « indicateur MBTI ». Mais tout de même. Cette entreprise propose sur son site Internet des formations, destinées aux coachs mais aussi aux personnes coachées par les coachs (notamment les professionnels exerçant dans les ressources humaines), dont les libellés proposent d'apprendre à « s'appuyer sur le MBTI pour faciliter la majorité des situations de coaching et des problématiques d'accompagnement individuel ».

Si vous travaillez avec des gens convaincus de l'utilité de ces tests, chaque moment important de votre vie professionnelle peut donc vous ramener à votre résultat MBTI. Un proche ayant travaillé au Canada dans une très grande entreprise d'assurances me racontait que les résultats des tests de personnalité étaient affichés près des bureaux des salariés, afin que chacun puisse adapter son style de communication aux différentes personnalités. Comment m'aurait-on adressé la parole, en tant qu'INTJ, si j'avais travaillé là-bas ? Je me mets à imaginer un cercle vicieux, où l'impression qu'on me parle comme à quelqu'un de psychorigide et peu adapté socialement me gêne et me conduit à me comporter de façon peu naturelle pour sembler *cool*, et me pousse ainsi à confirmer ce que je cherchais à démentir.

J'aurais sûrement tenté de montrer que ma personnalité colle bien avec les côtés valorisants de mon test, qui correspondent à ce que mon employeur attend de moi. La psychologue Marine Paucsik met un nom sur ce phénomène : le « biais de désirabilité sociale ». Face à l'autorité qui vous juge, vous vous pliez instinctivement au moule attendu, confortant ainsi le préjugé initial. On constate même un « effet Pygmalion[1] », c'est-à-dire que certain·es salarié·es auraient tendance à surjouer leur profil. Ces tests contaminent également le regard des évaluateurs, créant un biais de confirmation pernicieux : « Les résultats, assez peu

1. Appelé aussi effet Rosenthal et Jacobson, il désigne le fait d'améliorer (ou de diminuer) les performances d'une personne – cela a notamment été démontré dans le milieu scolaire – par le simple fait de l'étiqueter comme quelqu'un·e susceptible de réussir (ou d'échouer).

précis, peuvent être interprétés de manière à confirmer les hypothèses que les managers ou recruteurs avaient sur les salariés », m'explique Marine Paucsik. Selon la sociologue Valérie Brunel, ces tests sont même la première étape d'un processus où l'individu « va être amené à souhaiter se conformer à un modèle idéal proposé par l'entreprise[1] ». Ainsi, le ou la salarié·e peut être remis·e dans le rang.

S'ils ne mesurent pas bien la personnalité, ces tests sont d'excellents instruments de pouvoir. Celui qui classe détient un pouvoir indéniable sur celui qui est classé. La typologie devient une forme sophistiquée de contrôle – d'autant plus efficace qu'elle se présente comme objective, scientifique, bienveillante. J'imagine mon RH ou ma coach me dire : « Ce n'est pas moi qui décide que vous êtes introverti et peu adapté au poste, mon brave, c'est le test qui le montre. » Car oui, ces résultats aboutissent à une brutalité à peine voilée.

Dans les coulisses de la manipulation

Merve Emre, autrice du livre *The Personality Brokers. The Rise of the MBTI Indicators*, rapporte

1. Valérie Brunel, *Les Managers de l'âme. Le développement personnel en entreprise, nouvelle pratique de pouvoir ?*, La Découverte, 2004.

ainsi le cas de managers qui « exploitent les profils de personnalité, invoquant leur type pour forcer la main à leurs employés » voire pour les « intimider » et les « humilier » en insistant sur les aspects supposés moins valorisants de leur personnalité. L'anthropologue Manon Mottard a quant à elle levé le voile sur les coulisses d'une entreprise belge de coaching, fleuron du secteur. Dans les séminaires aux titres prometteurs – « Les clés du succès » –, les tests de « familles d'âmes » deviennent des instruments précis de ciblage commercial et visent à pousser à l'achat de nouveaux cycles de coaching. Un cynisme méthodique, orchestré jusque dans les moindres détails, selon une ancienne coach repentie qui témoigne : « Il y a eu une réunion pour se répartir les gens. Toi tu vas trouver Untel, tu vas l'aborder comme ça… » Quand elle a dénoncé cette utilisation de la psychologie au service de la vente, celui qui l'avait elle-même recrutée quelques mois plus tôt alors qu'elle n'était que simple cliente lui a cyniquement répondu : « Ah ben oui. Moi je t'ai eue. C'était moi qui devais t'avoir, et je t'ai eue. » Elle-même avait été la victime de ce ciblage psychologique[1].

Ces dynamiques toxiques infestent nos lieux de travail. Damien Karbovnik, sociologue et historien,

1. Manon Mottard, *Le Piège : dans les coulisses du développement personnel*, 2024.

a documenté le cas d'un cadre dont le supérieur prétendait « tracer les chemins de vie ». Quelques calculs ésotériques sur un papier et une sentence : il a « prédit » qu'ils ne s'entendraient pas et qu'il devrait changer de poste. Une prophétie qui s'est réalisée, jusqu'au départ forcé de l'employé. Parce que le manager était médium ou parce que son comportement biaisé n'a pas aidé à la bonne entente avec l'employé en question ?

Dans son livre *Toxic Management*, le philosophe Thibaud Brière décrit de son côté une scène grotesque : un patron demandant à ses cadres de se classer eux-mêmes et entre eux comme des « phoques », des « ours » ou des « serpents ». Les phoques sont ceux qui adhèrent aux valeurs de l'entreprise sans les questionner, les ours manquent de confiance en eux et parfois en leur hiérarchie et questionnent les valeurs de l'entreprise, les serpents prétendent adhérer aux valeurs de l'entreprise mais s'en détournent en secret. Qu'est-ce qui est mesuré ici, sinon la soumission et l'obéissance des salarié·es ?

Ce classement sera appliqué à toute l'entreprise et permettra de faire un tri dans les effectifs. De quoi choquer le philosophe puisque « les salariés sont classés non pas sur ce qu'ils font mais sur ce qu'ils sont ». Pire, les serpents seront bientôt considérés comme des nuisibles, et ce classement servira de justification pour

« rendre la vie suffisamment impossible aux individus identifiés comme des serpents pour qu'ils démissionnent[1] ».

Quand le service public s'y met

Plus inquiétant encore : j'ai découvert que le test que j'avais trouvé – la version gratuite du MBTI – est désormais proposé à des demandeurs et demandeuses d'emploi inscrits à France Travail. Ludivine, 42 ans, s'est inscrite fin 2024 à DéClics Numériques, présenté dans la communication de France Travail comme « le programme en ligne qui facilite la reconversion vers les métiers du numérique ». Dès les premiers pas, on lui propose « le test des 16 personnalités pour mieux vous connaître ». Comme si ce test avait fait la démonstration de son utilité pour mieux se connaître. Et comme si le chômage n'était pas un problème économique

1. Des outils de classement des personnalités ont aussi été utilisés par la société Cambridge Analytica au cours des années 2010. Souvenez-vous : cette société avait, au service de Donald Trump, exploité des données personnelles enregistrées sur Facebook par plusieurs dizaines de millions d'Américain·es afin de cibler leur profil psychologique et en tirer des conclusions sur la meilleure façon d'influencer leurs intentions de vote via des messages et informations ciblées. À l'époque, plusieurs juristes avaient alerté sur les risques pour les libertés et les droits fondamentaux liés à la classification psychologique de populations entières.

structurel mais une simple affaire de connaissance de soi.

Ce n'est pas le seul exemple en la matière. Dans le documentaire *Le Business du bonheur*, l'auteur William Davies nous apprend que des « programmes d'activation comportementales » ont imposé à des personnes au chômage au Royaume-Uni qu'elles participent à des programmes de coaching visant à développer leur pensée positive en répétant des phrases du type « mes seules limites sont celles que je me fixe » ou « personne ne s'est jamais noyé dans sa propre sueur »[1]. En Espagne[2], à Lleida, la mairie propose désormais des séances de « méditation de pleine conscience » à des personnes sans-abri pour les aider à « gérer leur stress et leurs émotions ». L'adjoint au maire et conseiller à l'Action et l'Innovation sociale à l'origine de cette idée estime créer ainsi un « espace de sécurité et de tranquillité » pour entraîner des « processus d'amélioration du bien-être des personnes sans-abri ». Est-ce que ces personnes n'auraient pas plutôt besoin d'un espace de sécurité qu'on appelle logement ? Est-ce que cette approche ne détourne pas l'attention des véritables enjeux : pourquoi ces personnes sont-elles à la rue ?

1. Jean-Christophe Ribot, *Le Business du bonheur*, 2022.
2. « "Mindfulness" para diez personas sin hogar en Lleida », *Segre*, https://www.segre.com/es/lleida/250508/mindfulness-diez-personas-hogar-lleida_818348.html

Les sans-abri et les demandeurs et demandeuses d'emploi ne me semblent pas en position de consentir de façon éclairée à ces tests[1], de même que la plupart des travailleurs et travailleuses. Cette situation peut donc conforter ou confirmer certains rapports de domination.

Femme, noire, introvertie : triple peine pour le MBTI

Ces outils peuvent même servir à confirmer les préjugés de ceux qui les font passer à propos des personnes victimes de discrimination en fonction de leur origine, religion ou apparence corporelle. La journaliste américaine Quinisha Jackson-Wright, spécialiste du monde du travail, a raconté en 2019[2] avoir été classée comme « introvertie »

1. Dans un monde idéal, tout le monde devrait pouvoir agir avec le niveau de recul du directeur de recherches au CNRS et chercheur en sciences cognitives Franck Ramus. Il y a une dizaine d'années, rapporte-t-il, une formatrice spécialisée en MBTI a vécu ce qui doit ressembler au cauchemar de sa profession. Chargée d'une mission au CNRS, elle a fait son job : demander aux personnes d'une unité de recherche de passer le test MBTI. Pas de bol pour elle : c'était l'unité de rattachement de Franck Ramus, qui est spécialiste de psychométrie. Ce dernier a accepté de participer au test, mais a ensuite écrit aux personnes chargées des formations au CNRS pour leur livrer un état de la science sur les tests de personnalités.

2. Quinisha Jackson-Wright, « To Promote Inclusivity, Stay Away from Personality Assessments », *The New York Times*, 22 août 2019.

par un test MBTI lors d'une « retraite » organisée par le directeur général d'une entreprise qui venait de la recruter. Et elle a pris peur : « Non seulement j'étais la seule femme noire de l'organisation, un groupe démographique notoirement mal compris sur le lieu de travail, mais j'avais maintenant le malheur supplémentaire d'être considérée comme introvertie, en compagnie d'extravertis. »

Elle finira par quitter son entreprise, notamment parce que sa personnalité déplaisait à son manager. Dans son texte, elle estime que : « Les tests de personnalité enferment les individus dans un stéréotype étroit, ce qui peut avoir un impact professionnel négatif sur ceux qui ont des traits de personnalité moins désirés. » Un constat qui fait écho à celui de Morgane, qui m'a rapporté le cas de sa meilleure amie – en situation d'obésité – qui a reçu une « évaluation de personnalité » essentialiste et questionnant sa confiance en elle-même. Elle qui menait jusque-là sereinement et avec confiance sa vie professionnelle n'a pas supporté qu'un test remette en question la façon dont elle se percevait. Le test n'a pas évalué sa confiance en elle, il l'a sapée.

Les gens qui font passer ces tests semblent en effet considérer, à tort, que la confiance en soi est une qualité intrinsèque ou une compétence technique alors qu'elle tient plutôt du privilège social. En 2019, des chercheurs de l'université de Virginie aux États-Unis ont publié une étude[1], menée sur un échantillon de 150 000 personnes, démontrant que les différences de classes sociales ont un impact déterminant sur la confiance en soi[2] des interrogé·es – à qui on a fait passer notamment un faux entretien d'embauche et remplir un questionnaire d'autoévaluation donnant un score allant de 1 à 100. Résultat ? Les personnes appartenant aux classes aisées se sentent plus sûres d'elles que celles issues des classes modestes[3].

Il faut donc se demander qui est capable, au moment de remplir ces questionnaires, d'avoir

1. Peter Belmi, Margaret A. Neale, David Reiff et Rosemary Ulfe, « The social advantage of miscalibrated individuals: The relationship between social class and overconfidence and its implications for class-based inequality », *Journal of Personality and Social Psychology*, 118(2), 2020, p. 254-282.

2. Dans son livre *Réinventer l'amour*, la journaliste Mona Chollet détaille (p. 102-103) les enjeux autour de la reconquête de l'estime de soi pour les personnes minorisées en fonction de leur genre ou de leur classe. « Comment fait-on pour acquérir une assurance et une estime de soi dont on a été historiquement privé ? », demande-t-elle, « tant pour les femmes que pour les minorités de tous ordres ou pour les nations colonisées ».

3. Peter Belmi, coauteur de l'étude, expliquait alors : « Dans les classes supérieures, les gens sont encouragés à se différencier des autres, à exprimer ce qu'ils pensent et ressentent et à énoncer avec confiance leurs idées et leurs opinions, même lorsqu'ils manquent de connaissances précises. À l'opposé, les personnes de la classe ouvrière sont conditionnées pour embrasser les valeurs de l'humilité, de l'authenticité et de la conscience de sa place dans la hiérarchie. »

confiance en soi. Le résultat dépend de notre niveau de stress et de nos préoccupations du moment, de la façon dont nous gérons notre confiance en nous et nos problèmes. Il dépend aussi de la qualité de notre dernier repas ou de notre dernière nuit de sommeil et même de notre trajet jusqu'à notre lieu de rendez-vous. Une jeune mère célibataire, au sommeil dégradé par les nuits aux côtés d'un nourrisson, en difficulté financière et/ou vivant en périphérie urbaine et/ou stressée par l'issue de son processus de recrutement n'est-elle donc pas défavorisée au moment de passer un test de personnalité ? À cela s'ajoute le fait que certaines constructions sociales (comme le genre) poussent certaines catégories sociales (comme les femmes) à sous-évaluer leurs compétences – et d'autres (comme les hommes) à les surévaluer.

Tant de biais

À ces biais s'ajoutent les préjugés de celles et ceux qui ont conçu ces tests. Et ils sont nombreux. Carl Jung, père de la théorie de classification des personnalités qui a influencé très directement les tests DISC et MBTI, a au moins un temps collaboré avec le régime nazi. Ses détracteurs voient des liens entre la volonté jungienne de classifier les êtres humains et l'idéologie nazie, tandis qu'à l'inverse ses défenseurs assurent qu'il a été dupé et/ou qu'il n'a collaboré qu'afin de défendre des idéaux humanistes. Katharine Myers et Isabel Briggs ont de leur côté largement adhéré aux idées jungiennes mais aussi aux idées eugénistes de leur temps, comme l'a montré l'universitaire et critique littéraire américaine Merve Emre. Katharine assumait de ne vouloir utiliser son test que sur des personnes appartenant à une certaine élite intellectuelle, tandis que sa fille a écrit un roman intitulé *Give Me Death* » dans lequel transparaît un intérêt poussé pour la prétendue « pureté raciale »[1].

Mises bout à bout, toutes ces critiques ne révèlent-elles pas que ces tests sont discriminatoires ? Ne devraient-ils pas être encadrés voire interdits ? Au niveau légal, ils n'entrent pas dans la définition officielle de la discrimination qui se limite aux origines, au nom, genre, apparence physique ou appartenance à un mouvement philosophique, syndical ou politique. J'ai échangé en septembre 2024 à ce sujet avec les responsables de la Miviludes (Mission interministérielle de vigilance et de lutte contre les dérives sectaires). Alertés « chaque semaine » et même, par périodes, « chaque jour » de dérives de coachs en tout genre – 13 % de l'ensemble des

1. L'intrigue met en scène des personnages propriétaires d'une plantation dont les membres se suicident en découvrant qu'ils ont des ancêtres afro-américains.

signalements[1] reçus à la Miviludes concernent des coachs ! –, trois de ses responsables ont répondu à mes questions. Le chef de cette structure, Donatien Le Vaillant, m'a répondu : « Ces tests sont un sujet de préoccupation puisque certaines catégories peuvent enfermer les personnes. [...] On voit très bien les risques dans des catégories qui peuvent être considérées comme arbitraires. On est dans quelque chose qui échappe à la rationalité commune. » Une des responsables de la Miviludes estime que ces tests entraînent « une inégalité de traitement basée sur un critère arbitraire » qui peut « générer des comportements discriminatoires ». « En disant "je vais recruter que les bleus et pas les verts", on contribue à des situations de rejet, d'exclusion. » Le psychologue Olivier Oullier est plus direct : « Je suis révolté de savoir que des carrières ne démarrent pas à cause d'un résultat à ces tests. C'est scandaleux que l'avenir de gens soit déterminé sur leur base. Pour moi, ces tests sont des armes de discriminations massives. »

Malheureusement, il est difficile de sortir du rang et de s'y opposer. Bien que légalement possible, il

1. Il convient de rappeler qu'une saisine ne constitue ni une condamnation, ni même un début de procédure. Ce sont des signalements plus ou moins bien renseignés, provenant de proches ou des associations de luttes contre les dérives sectaires, dont la Miviludes tient compte et qu'elle documente, voire vérifie selon son niveau de sérieux et selon le nombre de signalements qu'elle reçoit.

est en pratique compliqué de refuser de répondre à un test de personnalité sans froisser ses supérieur·es ou ses recruteur·euses. Elsa, une ingénieure trentenaire à la carrière remarquable, l'a tenté à ses dépens. Début 2023, elle participe à un séminaire organisé par le nouveau chef de son service, qui est un élément clé du secteur public de la défense en France. Ce chef, qu'Elsa décrit comme passionné par le développement personnel, fait appel à deux coachs spécialisées dans le test de personnalité DISC. Par impertinence, elle a répondu aux questions avec l'aide d'une intelligence artificielle, ce qui lui a d'abord valu des félicitations d'une des coachs. Puis les remontrances appuyées de son supérieur quand il l'a appris.

Elsa dit avoir eu accès à des documents chiffrant le montant total d'argent public dépensé pour ce séminaire pour vingt personnes : 10 000 euros hors taxes pour le gîte et le couvert, et encore 4 800 euros pour les deux coachs. Elle l'a mauvaise : « Ces sommes me semblent énormes. On peut bénéficier de conférences de gens renommés et spécialistes de notre domaine de travail pour ce prix. Et c'est d'autant plus rageant que, cette année-là, plusieurs personnes s'étaient vu refuser une augmentation. »

L'une des conseillères de la Miviludes, qui reçoit les témoignages de victimes du coaching et de leurs proches, a aussi remarqué l'impact de ces tests de personnalité dans les groupes de collègues : « Avec ces tests, on vous dit “c’est ça la vérité, c’est comme ça, il faut y croire”. Si tu n’y crois pas, c’est que tu ne fais pas preuve d’un bon état d’esprit. C’est un vrai problème parce que ça empêche l’esprit critique. Nous, on participe à des actions pour développer l’esprit critique dans beaucoup de situations... C’est valable aussi dans la vie d’adulte et en entreprise. » Comment laisser place à l’esprit critique, face au coaching ? Cette question allait bientôt se poser concrètement pour moi. Car il me fallait franchir le pas et devenir un client comme les autres. Restait à trouver le ou la coach idéal·e pour mon projet d’écriture.

PETITE GÉNÉALOGIE DU COACHING

Permettez-moi de vous arrêter un instant.

Ce ne sera pas la seule fois au cours de ce récit.

Ce livre suit en effet une structure particulière. Entre les chapitres d'enquête contemporaine, vous trouverez quatre escales dans le passé. Quatre étapes qui forment la généalogie d'un système.

Si le récit principal s'intéresse aux coachs d'aujourd'hui, ces encadrés historiques sont consacrés aux fantômes qui les hantent. Car en parallèle de mon enquête proprement dite j'ai retracé une double généalogie : celle du capitalisme américain et celle des spiritualités contemporaines. Chaque voyage dans le temps, du XVII*e au* XXI*e siècle, éclairera d'un jour nouveau les témoignages recueillis.*

Notre première escale nous amène en 1620.

Étape 1 : Les élus de Dieu traversent l'Atlantique

1620, Mayflower, *quelque part au milieu de l'Atlantique. Ce voyage dans le temps débute à bord d'un navire, le* Mayflower.

En 1620, un groupe de protestants fondamentalistes anglais, les Pilgrim Fathers, *traverse l'Atlantique. Ces exilés voguent vers leur Terre promise, Plymouth, et portent deux convictions qui marqueront à jamais la culture américaine. D'abord, le travail est pour eux une mission divine, une voie vers le sacré. Ils croient aussi à la prédestination : leur Dieu aurait choisi ses élus, la réussite terrestre serait donc le signe d'une élection divine.*

Dans L'Éthique protestante et l'esprit du capitalisme, *le sociologue Max Weber identifiera dans ces croyances les racines mêmes du capitalisme moderne. Selon lui, l'obsession des croyants protestants pour le travail acharné, la performance et la réussite matérielle – qui s'explique par leur volonté de se rassurer sur leur bénédiction divine – a créé un mouvement culturel et des prédispositions sociales à l'émergence du capitalisme. Cet « esprit » s'est même émancipé de ses origines religieuses, devenant une force culturelle à part entière. Si bien que ces deux concepts – le travail sanctifié et la prédestination – irriguent encore aujourd'hui les écrits de nombreux coachs en développement personnel.*

On peut dater précisément l'origine de ces récits. Célébré en France pour le paratonnerre et sa contribution à la Constitution américaine, Benjamin Franklin est aussi, dans son pays, célèbre en tant que l'auteur du premier manuel d'amélioration personnelle. Son autobiographie posthume[1], *parsemée de maximes et de conseils pratiques, inaugure un genre littéraire qui, deux siècles plus tard, colonisera des rayons entiers en librairie. Il y suggère déjà d'utiliser des outils de suivi concrets et métriques qui préfigurent les méthodes modernes de développement personnel, dont un carnet avec des colonnes où l'on doit indiquer chaque jour de la semaine ses progrès et erreurs.*

Le siècle des guérisseurs et des prophètes

Ce livre, mais encore plus son genre et sa philosophie vont connaître un succès grandissant tout au long du XIX*e* *siècle. Sur ce terrain fertile surgissent de véritables prophètes de la volonté. Parmi eux, un horloger reconverti en « guérisseur », Phineas Parkhurst Quimby, attire les foules avec un message séduisant :*

1. Benjamin Franklin, *Autobiography*, 1791.

toutes les maladies ont une origine psychologique, elles peuvent donc être guéries par la pensée. Comment ne pas songer aux promesses contemporaines des coachs qui ciblent nos pensées limitantes *ou qui vendent des* guérisons émotionnelles ?

Si ce voyage dans le temps a commencé aux États-Unis, il mérite toutefois quelques détours. Il faut passer par la Russie pour découvrir l'autrice Helena Blavatsky. Elle crée, dans la deuxième moitié du XIXe siècle, un mouvement appelé la théosophie, mélange syncrétique de bouddhisme et d'ésotérisme. Lors de ses voyages à travers l'Asie, l'Europe puis l'Amérique où elle s'installera à la fin du siècle, aristocrates et intellectuels en quête de frissons mystiques s'enthousiasmeront pour ses promesses d'accès à une sagesse universelle secrète.

Parmi ses disciples[1] *influents figure Georges Ivanovitch Gurdjieff, un mystique gréco-arménien au regard hypnotique et à la moustache imposante dont l'héritage imprègne encore l'univers du coaching contemporain. De Moscou à New York,*

1. Carole Cusack, « Three Teachers in Changing Times: Blavatsky, Steiner, and Gurdjieff », Center for the Study of World Religions, Harvard Divinity School, 22 octobre 2024.

en passant par Londres, Berlin et même un château proche de Fontainebleau, ce dernier enseigne sa méthode pour « élever les niveaux de conscience » et atteindre le « plein potentiel humain ». L'ennéagramme, figure géométrique à neuf points qu'il présentera comme la clé de la psyché humaine, va devenir une passerelle improbable entre les salons bourgeois d'hier et les open spaces d'aujourd'hui.

Si ces mouvements ont eu une influence majeure, c'est notamment parce que ces influenceurs spirituels ont osé voyager dans le monde entier pour prêcher leur bonne parole. Parmi eux, le Swami Vivekananda joue un rôle crucial. Extrêmement cultivé et ayant voyagé dans de nombreux pays, il a participé à la diffusion et l'occidentalisation de nombreux concepts spirituels et pratiques, dont le yoga. En septembre 1893, ce maître hindouiste en robe safran électrisait par exemple l'audience du Parlement mondial des religions à Chicago. Son discours était accueilli par des ovations prolongées. Les autrices Elisabeth De Michelis[1] *et*

1. Elisabeth De Michelis, *A History of Modern Yoga. Patanjali and Western Esotericism*, Continuum, 2005.

Zineb Fahsi[1] *ont décrit comment ce dernier a contribué au syncrétisme entre l'hindouisme et différents courants de pensée occidentaux (dont l'ésotérisme, certains courants de la psychologie ou les mouvements de pensée positive). Il faut dire que tous partageaient certaines notions, dont une passion pour la « connaissance et réalisation du Soi » (ou « atma-jnana »).*

La pensée magique devient un business

Ces histoires n'appartiennent pas qu'au passé. Gurdjieff, Blavatsky et Vivekananda continuent d'influer sur le quotidien de millions de salarié·es. Sans Vivekananda, pas sûr qu'autant de coachs et managers pratiqueraient la salutation au soleil. L'ennéagramme de Gurdjieff est considéré comme incontournable dans beaucoup d'entreprises et orne aujourd'hui les brochures de formations managériales et les sites de cabinets de recrutement. Quant à Blavatsky, elle a été en 1877, lors de son séjour américain, la première à utiliser la notion de « loi de l'attraction ». Une

1. Zineb Fahsi, *Le Yoga, nouvel esprit du capitalisme*, Textuel, 2023.

notion qui va dès 1892 et le livre Les Lois du Succès *de Prentice Mulford devenir très populaire aux États-Unis puis dans le monde entier. On peut la résumer ainsi : avoir des pensées positives permet le succès en attirant à soi des événements positifs. Pour mesurer la constance de cette théorie, amusez-vous à taper ces mots sur les réseaux sociaux. L'algorithme vous noiera sous les citations inspirantes placardées sur fond de couchers de soleil et les témoignages de fortune soudaine.*

Et cette « loi de l'attraction » n'est que l'un des vecteurs du vaste mouvement de spiritualité qui conquiert les États-Unis à la fin du XIXe siècle et au début du XXe. Certains groupes qui composent ce mouvement, dont celui dit de la « pensée nouvelle », encouragent leurs adeptes à se répéter chaque jour des phrases en boucle, sur le modèle des litanies chrétiennes et plus probablement des mantras hindous : « J'ai réussi, je réussirai, il faut que je réussisse, rien ne m'empêche de réussir, je ferai un succès de ma vie. » Cette pratique traverse l'Atlantique si rapidement que Pierre Janet, médecin à la Salpêtrière entre 1890 et 1898, décrivait ainsi avoir vu en consultation « de pauvres femmes déprimées qui portaient dans leur corsage de petits papiers où étaient écrites en grosses lettres les formules qu'elles répétaient :

"Je suis forte, très forte, [. . .] personne ne peut résister à mon influence, je suis décidée à réussir."[1] »

En France, Émile Coué incarne parfaitement cet héritage. Ce pharmacien, dont la « méthode » est passée dans le langage courant, se forme en 1898[2] *via les cours par correspondance d'un certain Xénophon LaMotte Sage – pseudonyme pompeux d'Ewing Virgil Neal*[3] *–, un charlatan américain aux multiples escroqueries : produits antirides miraculeux, poudres pour développer la poitrine, toniques capillaires... Je souris en imaginant ce que serait devenu ce Neal aujourd'hui : influenceur bien-être sur Instagram ? coach en ligne promettant la fortune en vingt-huit jours ? Il serait probablement fan de Donald Trump, en tout cas : ce Virgil Neal s'est en effet distingué par sa proximité avec Benito Mussolini*[4].

1. Loig Le Sonn, « La naissance des psychothérapies en France. Les prédicateurs de l'épanouissement personnel de la Belle Époque à l'Entre-Deux-Guerres », 6 décembre 2018.

2. Anecdote citée dans la thèse d'Anna Le Pendu, « Émile Coué et sa méthode : un pharmacien à la découverte de l'autosuggestion et de la relation corps-esprit ».

3. John Benedict Buescher, *Radio Psychics: Mind Reading and Fortune Telling in American Broadcasting*, McFarland, 2021.

4. « Medicine: From Sedalia », *Time*, 25 décembre 1933.

Après cette formation douteuse, Coué lance sa méthode de guérison par autosuggestion et connaît le succès avec son livre de 1920, La Maîtrise de soi-même par l'autosuggestion consciente. *Il touchera même l'Amérique lors de ses tournées en 1923 et 1924.*

III

Chercher un·e coach, la trouver, le payer

Attention danger coach au travail

Et si c'était elle ? Anne-Claire est assise sur un lit aux draps de lin, le sourire éclatant. La mise en scène est parfaite : elle écrit dans un cahier – son prochain best-seller, sans doute – tandis que repose négligemment à ses côtés l'ouvrage qui l'a consacrée : *Millionaire from the Heart.*

« *From the heart* ». C'est le slogan de cette coach installée à Bali[1]. Car c'est « depuis l'espace du cœur », dit-elle, qu'elle propose ses services et conseils. Ses promesses : « réussir en tant qu'entrepreneur du bien-être » mais aussi « transformer

1. Par souci de bienveillance, j'ai choisi de ne pas écrire son nom de famille ici. Je tiens à exprimer clairement ici que je souhaiterais que mon livre n'occasionne ni harcèlement, ni messages agressifs, ni malveillance à son égard.

votre rapport à l'abondance et atteindre le niveau de prospérité que vous sentez possible pour votre vie ». Ces propositions me laissaient indifférent. Jusqu'à tomber sur celle-ci, comme une révélation : « Vous souhaitez écrire, publier et promouvoir votre best-seller ? Ce programme est fait pour vous. »

Compliqué, très compliqué, de savoir quel programme est fait pour moi. Quand je découvre Anne-Claire, nous sommes le 19 juin 2024. Cela fait plus d'un mois que je me suis lancé dans ce projet. Après mon test de personnalité, j'ai consommé frénétiquement des vidéos YouTube et contenus de coachs sur les réseaux sociaux. J'ai vite abandonné l'idée de trouver un·e coach qui afficherait exactement les mêmes valeurs que moi, c'est-à-dire qui se revendiquerait de la justice sociale et environnementale, de la solidarité entre les peuples, de l'antiracisme, de l'écologie, de la défense de toutes les personnes discriminées du fait de leur genre ou de leur origine, qui proclamerait que les services publics et les droits des travailleur·euses sont un patrimoine à défendre et qui affirmerait frontalement son opposition aux pseudo-sciences.

Ce ou cette coach n'existe pas, ou alors je ne l'ai pas trouvé·e.

Le marché regorge en revanche de spécialistes en bilans de compétences et tests de personnalité

– merci, mais j'ai déjà essayé. S'y ajoutent les business et money coachs dont les formations sur le succès et le leadership coûtent des milliers d'euros – inaccessibles. Sans oublier ces gourous exilés sous les palmiers mauriciens ou dans les tours climatisées de Dubaï, vendeurs de *motivation speeches*, de techniques de *closing* – l'art de conclure une vente – et de crypto – territoires d'arnaques déjà explorés. Certains de ces coachs s'amusent en prime à vendre des techniques du genre : « Je vous dévoile en 7 étapes toutes les astuces pour séduire une femme. » Problématique. Restent ces accompagnateurs du « travail sur soi », promettant de nous « recentrer » ou de nous transformer en « notre propre guérisseur ». Méthodes rarement prouvées, inefficaces pour qui n'y croit pas, et de toute façon inabordables financièrement.

Parce que c'était elle

Et il y a Anne-Claire, donc, qui semble réunir énormément de choses que je recherche. D'abord, elle promet d'aider à écrire un best-seller. Je suis séduit par cette idée, j'aimerais sincèrement que mon livre rencontre son public et, pourquoi pas, nourrisse mon compte en banque. D'ailleurs, elle a publié « une douzaine de livres », elle sait de quoi elle parle.

D'autre part, elle a beaucoup de clients et clientes. Je veux m'immerger dans le milieu du coaching avec quelqu'un qui plaît et dont l'offre a du succès. Cela semble être son cas : sur son site Internet, on trouve les témoignages de centaines de personnes ravies d'avoir suivi ses coachings. Par ailleurs, elle se dit à la fois coach et formatrice en coaching. Parfait : je veux rencontrer des coachs de coachs.

Je constate aussi qu'elle mène beaucoup d'entretiens en visio[1]. Historiquement, le coaching se déroule plutôt en face-à-face, si bien que cette solution peut sembler peu représentative de l'expérience vécue par les coachés. Toutefois, cette pratique s'est beaucoup développée depuis 2020 et semble désormais plus fréquente. J'ai beau éplucher son site Internet et ses vidéos, je ne vois au moment où je m'inscris aucune idée politique ou éloge de personnalités opposées à mes valeurs. C'est une bonne nouvelle même si – je ne le savais pas encore – ça n'allait pas durer.

Dernier argument en sa faveur à mes yeux, je suis fasciné par sa façon de mêler dans ses arguments de vente – et dans la plupart de ses contenus, je le

1. On pourrait mentionner un autre aspect (presque) représentatif de la profession chez Anne-Claire : c'est une femme, comme la majorité des coachs. En revanche, elle a 41 ans, alors que selon le dernier recensement réalisé par la profession, en 2016, plus de 70 % des coachs ont plus de 45 ans.

découvrirai plus tard – le vocabulaire des médecines dites douces ou de la spiritualité New Age avec celui des chefs et cheffes d'entreprise.

Elle peut aussi bien vanter les bienfaits des huiles essentielles que ceux de la thune. Sur les réseaux sociaux, elle met en avant des punchlines que je trouve incroyables, comme « *it is spiritual to have money* » (que l'on peut traduire par « l'argent est spirituel »). Elle utilise des mots comme « prospérité » ou « abondance » qui permettent à chacun de se reconnaître, selon qu'on soit plus branché éveil spirituel ou revenus à sept chiffres. Oui, sept chiffres. Elle a été interviewée dans un podcast qui se présente comme « le podcast à destination de tous les coachs et experts de l'accompagnement qui désirent bâtir un mindset de leader et une activité prospère au service de leur vie et de leurs clients ». L'animateur du podcast y défend qu'il est possible dans la vie de ne pas avoir à « choisir entre argent et inspiration ». Le titre du podcast ? *Développer un business à 7 chiffres tout en restant dans le cœur.*

Business à 7 chiffres, facture à 397 euros

Mon impatience s'embrase à la découverte de son offre : 397 euros seulement, mais à condition d'y souscrire dans les deux prochains jours.

Ensuite, le tarif grimpera à 497, puis à 597 euros. Quelle aubaine d'être tombé sur elle maintenant ! Mieux encore, la page mentionne : « Exceptionnellement, Anne-Claire offre 3 places de coaching de 75 minutes. Sélectionnez simplement l'upgrade lors de votre achat ! »

Je vois se dessiner un scénario idéal : une formation complète sur l'écriture d'un best-seller, suivie d'une séance personnalisée de 75 minutes sur Zoom. Le tout dans mon budget de 500 euros. Génial.

Mais une question cruciale se pose à moi. Comment être honnête avec ma future coach – je l'ai écrit, je refuse de mentir ou d'arnaquer – sans compromettre mon enquête ? Je relis la charte de déontologie des journalistes qui proscrit les « méthodes déloyales ». Mais qu'est-ce que la loyauté quand il s'agit d'investigation ? Élise Lucet interpelle frontalement des puissants dans la rue. La journaliste Sonia Kronlund a raconté dans son documentaire *L'Homme aux mille visages* son enquête de cinq ans sur un homme originaire du Brésil, menteur et manipulateur, qui multipliait les vies amoureuses simultanées en changeant d'identité à chaque relation. Elle découvre qu'il participe à des marathons en Pologne et lui propose une interview filmée – prétendument pour la télé polonaise – sur la pratique de la course à pied comme outil d'intégration. Cette histoire est un mensonge. C'est mal ?

Cela permet au film de se terminer sur les images du manipulateur, visiblement épuisé, qui continue à courir pour obéir à cette journaliste prétendant avoir encore et encore besoin d'images d'illustration pour son reportage. J'adore. Quel sera mon dispositif ? Je trace ma ligne rouge : donner mon vrai nom, révéler ma profession de journaliste. Tant pis si Google associe déjà mon nom à des titres comme « Moi, coach et méchant » ou « Gare aux gourous ».

J'apprends que mon inscription impliquera la participation à un groupe Facebook dans lequel chacun·e doit se présenter ainsi que son projet. Que puis-je écrire sans attirer la suspicion ?

Le hasard m'offre un cadeau. Sur LinkedIn, une éditrice spécialisée dans la santé dite alternative et le développement personnel me propose le jour même d'écrire un livre sur le bien-être animal. Entendons-nous bien. C'est l'un de mes domaines de travail. Mais jamais je ne collaborerai avec une maison d'édition aux références si douteuses. Pourtant, cette proposition devient mon sésame.

En route vers mon premier best-seller !

Je décide de me présenter ainsi à ma future coach et à mes futurs co-coachés : « Bonjour ! Je suis animé par la défense de l'environnement et de l'écologie. J'aimerais m'engager dans un projet ambitieux et qui me ressemble. Je rêve d'avoir du succès, le terme de "best-seller" souvent écrit par Anne-Claire me fait rêver. Ce qui m'a convaincu de m'engager dans cette formation ? Alors que j'hésitais encore à m'inscrire et qu'il restait vingt-quatre heures pour bénéficier du tarif réduit, j'ai reçu un mail d'une maison d'édition spécialisée dans le bien-être et le développement personnel et qui me proposait une rencontre et peut-être une collaboration. Cette synchronicité m'a convaincu de signer ! Ravi de rejoindre cette communauté, en route vers mon premier best-seller ! »

J'utilise le terme « synchronicité » à dessein, comme pour montrer patte blanche. Ce concept jungien, devenu mantra des adeptes du développement personnel, suggère que les coïncidences heureuses sont des signes divins réservés aux âmes « alignées ». Je dois reconnaître que je ressens un fort et pas très noble sentiment de puissance en écrivant mon texte. Non seulement je me suis mis en tête de parvenir à enquêter sur une industrie au potentiel manipulatoire sans me faire manipuler, mais, en plus, je crois pouvoir m'amuser à duper ce monde en maîtrisant ses codes.

Je me demande quels rapports je vais avoir avec cette coach, comment elle va me parler, si elle se méfiera de moi. Je me demande si elle pourra m'aider ou non, malgré ma posture, malgré mon manque de confiance dans le dispositif du coaching. Je crois que je ressens un peu d'impatience et d'excitation. Est-ce ça, cette grande attirance que m'ont décrit la vingtaine de victimes du coaching que j'ai pu interroger ?

Deux jours plus tard, le 21 juin, dernier moment pour bénéficier du tarif réduit d'Anne-Claire. Je plonge dans le tunnel de vente, impatient, presque fébrile. Quelques clics plus tard, la douche est glacée : « Souhaitez-vous ajouter un appel de coaching de 75 minutes avec moi ? Tarif : 2 500 euros. 3 places disponibles. Offre exceptionnelle, je n'offre plus de coaching depuis 2022. Je me consacre à l'écriture, l'enseignement et mes programmes en ligne. »

2 500 euros. 75 minutes. J'ai du mal à croire que les deux chiffres peuvent être associés. J'imaginais une centaine d'euros maximum pour ce coaching, je m'en étais même persuadé. Je relis ce que j'avais lu quelques jours plus tôt : « Exceptionnellement, Anne-Claire offre 3 places de coaching de 75 minutes. Vous pourrez accéder à la possibilité d'acheter votre séance individuelle lors de l'achat du programme. Sélectionnez simplement l'upgrade lorsqu'elle se présente à vous ! » Pas de mensonge dans cette phrase. C'est moi qui ai fantasmé une offre abordable. C'est moi qui ai voulu croire que je serais coaché pour un prix que je trouve raisonnable. Je refuse bien sûr l'upgrade à

2 500 euros et découvre alors une autre offre : une retraite d'écriture à Bali, 6 000 euros, coachings quotidiens inclus. Presque raisonnable comparé aux 75 minutes, mais tout aussi inaccessible.

Que faire, maintenant ? Je pourrais encore renoncer à cette formation, mais une pensée m'obsède : « De toute façon, je ne trouverai personne d'aussi proche de mon projet et/ou de moins cher qu'elle, il FAUT que j'achète cette formation à 397 euros. » Je cède à l'urgence et paie immédiatement. Sur le moment, je suis soulagé. Plutôt content de ma décision, même. Mais je sens bien que quelque chose cloche : je n'ose pas écrire à mon éditrice pour lui raconter comment j'ai dépensé mon budget. Je suis maintenant convié à rejoindre le groupe Facebook où une quarantaine d'autres personnes vont suivre la même formation que moi.

IV

Quand le coaching bascule dans l'irrationnel

« Si vous avez des doutes à propos de votre livre, demandez-le directement à votre livre »

Je ne m'attendais pas à grand-chose, mais je suis quand même déçu. Pendant les six dernières semaines – nous sommes désormais à la fin de l'été 2024 –, j'ai suivi 25 des 43[1] modules de la formation « *Writing from the heart* ». J'ai joué le jeu à fond en regardant, annotant et appliquant le plus souvent les conseils de ces modules censés m'aider dans mon projet d'écriture.

Cette formation étant un produit commercial, impossible d'en révéler les détails ici. Disons

1. Les autres abordaient principalement l'autoédition et ne me concernent donc pas.

qu'après d'innombrables heures à m'y astreindre, je n'y trouve qu'un patchwork de conseils organisationnels élémentaires – sanctuariser des plages d'écriture, instaurer des routines, fixer des deadlines, prendre l'air quand on est bloqué – entrelacés de concepts relevant pour moi davantage de la croyance que de la méthode concrète.

Oui, de la croyance. L'exemple le plus sidérant reste cette séance visant à « rencontrer l'énergie de son livre ». La coach, drapée d'un blanc immaculé, nous guide dans un voyage astral : « Imaginez qu'au-dessus de votre tête vous êtes reliés au divin, à votre étoile du nord, à un endroit dans la galaxie dont vous vous sentez particulièrement proche... Visualisez un canal de lumière, un arc-en-ciel... »

Elle gémit. « Maintenant, imaginez une bulle autour de vous, emplie des résidus de votre énergie et de celle des autres. Nettoyez-la. Soufflez dessus... » Une fois ce rituel accompli, vient le moment de dialoguer avec l'« étincelle de vie » du livre : « Si vous avez des doutes, demandez-le directement à votre livre. Comment puis-je te servir ? Quel chapitre souhaites-tu que j'écrive ? Comment veux-tu qu'on parle de toi ? »

Tout cela vous semble trop ésotérique pour pénétrer le monde de l'entreprise ? Détrompez-vous. Je suis loin d'être le seul à m'être retrouvé face à ce genre de propositions. Si Anne-Claire n'intervient pas à ma connaissance[1] dans les entreprises, plusieurs de ses disciples, partageant ses pratiques et valeurs, y ont fait leur nid. Certains salariés de grandes banques ont notamment croisé des coachs certifiés « From the heart »[2].

Et, bien au-delà d'Anne-Claire et de sa constellation, ces croyances infusent désormais une part considérable des contenus de coaching et prolifèrent en entreprise[3]. Il suffit d'entrer dans un moteur de recherche le nom d'une technique psychocorporelle ou spirituelle suivi du mot « entreprise » pour tomber sur des coachs n'ayant d'autre légitimité qu'une formation privée et non reconnue, mais qui se feront un plaisir de venir vendre cette même pratique sur votre lieu de travail.

Travail (sur soi) forcé

Évelyne en a fait les frais. Manageuse trentenaire d'une unité d'une vingtaine de personnes dans le secteur de la finance, elle s'est vu imposer un

1. Elle a refusé les demandes d'interview que je lui ai adressées.

2. Une coachée d'Anne-Clair détaille avoir effectué des missions sur le burn-out et en banque dans une vidéo YouTube de novembre 2024.

3. La table ronde entre Élisabeth Feytit et Albert Moukheiber, enregistrée aux Rencontres de l'esprit critique de Toulouse (REC) en 2022, liste de nombreux exemples : https://metadechoc.fr/podcast/manipulation-et-developpement-personnel-en-entreprise/.

coaching par son employeur de l'époque. Considérée comme un « talent » au sein de sa boîte, cet accompagnement mené par deux coachs lui a été présenté comme une opportunité. Spécialisées dans l'accompagnement des femmes en entreprise, leur formation ciblait le développement du « leadership au féminin[1] ». C'était un lundi. Pas de bol, elle s'était fait larguer l'avant-veille et était très fragile. Les coachs sont arrivées avec une théorie bien à elles : toutes les femmes ont « un bagage », ce qu'on pourrait appeler une cicatrice, une faille ou un trauma, qui les pousse à avoir des « pensées limitantes » et les bloquent dans leurs évolutions personnelles.

Ces coachs estiment être capables d'identifier ces failles chez toutes les femmes. Leur méthode de détection ? L'intuition et le symbolisme, explique Évelyne : « Le premier jour, on nous a fait dessiner des choses comme notre emblème, nos valeurs, nos envies. Ensuite, on s'asseyait chacune notre tour et les autres femmes commentaient par écrit nos dessins sur des post-it. Si une femme avait dessiné un oiseau, les autres écrivaient par exemple qu'elle a l'air d'aimer la liberté. Les deux coachs tiraient

1. Cette notion est en elle-même critiquable, rappelait un article publié dans *Welcome to the Jungle* qui mettait en avant qu'elle peut devenir « un instrument qui nourrit le sexisme au lieu de le combattre », www.welcometothejungle.com/fr/articles/coaching-difference-hommes-femmes.

des conclusions de tout ça. » Tout a basculé quand Évelyne s'est vu attribuer l'étiquette de « femme battue ». Elles avaient vu juste, quelque part : Évelyne a déjà reçu des coups d'un homme violent. Elle avait trouvé la force et les solutions pour partir. Depuis, elle a justement choisi de refuser que cette violence subie la définisse.

C'est important pour elle, mais les coachs ne l'acceptent pas : « On m'a mise contre ma volonté dans une catégorie qui ne me correspondait pas. Je n'étais pas d'accord pour parler de ça. Je l'ai contesté. Alors les coachs me l'ont reproché en public et de façon très virulente. Une coach m'a mal parlé, devant tout le monde, m'a reproché de ne pas assez jouer le jeu. Jamais elle ne m'a dit : "Si vous ne souhaitez pas discuter d'un sujet, c'est bon." » Les deux coachs ont aussi réussi à persuader plusieurs participantes de se confier publiquement : « Au bout d'un moment, ça ressemblait à du chamanisme. Elle prenait quelqu'un et elle lui disait : "Toi, ton problème, c'est ta mère, je sens que c'est là que l'énergie passe mal." Une autre, le problème c'était son père. On ne nous présentait pas du tout ça comme une croyance, c'étaient des affirmations. » Évelyne raconte qu'à la fin de leur échange, elle s'est effondrée. Elle passera le week-end en pleurs, appellera ses sœurs à l'aide pour l'accompagner et rester auprès d'elle. Voilà comment certain·es terminent des séances de coaching menées par des coachs inspirées par les thérapies et méthodes psychologiques alternatives. Mais si son bilan personnel est très négatif, Évelyne constate que cela semble avoir fait du bien à d'autres, au moins sur le moment : « Plusieurs ont trouvé que c'était merveilleux. C'est puissant ce truc, peut-être que je l'ai juste vécu au mauvais moment. Il faudrait peut-être prévenir de ne pas y participer si on n'est pas dans l'état psychologique pour pouvoir en profiter. »

Michel a fini dans le même état qu'Évelyne. Ce quadragénaire travaille dans une très grande boîte d'informatique, présentée comme leader du secteur en France. Les ressources humaines lui ont suggéré un accompagnement par un coach et médiateur après qu'il a signalé, preuves à l'appui, une situation de harcèlement moral dont il se sentait victime. Sophie, la déléguée syndicale qui a accompagné Michel, m'a confirmé ces faits. Elle me l'a décrit comme un homme « brisé », « traumatisé », « mis plus bas que terre ». Son mal-être lui a valu un arrêt maladie.

Son coach n'est pour rien dans ce mal-être, c'est son entreprise et son collègue toxique qui n'a pas été sanctionné qui sont en cause. Mais il faut constater que ce coach, missionné par l'entreprise, n'a pas aidé en recommandant à Michel de « travailler sur lui-même » pour mieux subir la situation. Jusqu'à instiller le doute chez Michel.

N'est-ce pas un peu sa faute s'il est devenu la victime de ce manager ? Quand Michel a voulu entamer une procédure aux prud'hommes, ce même coach a tenté de le décourager. Je me suis procuré les messages qu'il a envoyés à Michel à cette période. Je crois qu'il faut les lire in extenso pour comprendre comment un·e coach peut, sous couvert de bienveillance et de méthodes originales ou alternatives, tenter de changer l'état d'esprit et la perception que quelqu'un a de la réalité :

> *« Bonjour, J'espère que tu vas bien. Je reviens sur nos échanges pour te confirmer que je pense qu'une procédure [aux prud'hommes] sera contre-productive. [...] Je sais que tu sais que l'escalade qui emmène [sic] directement à un conflit ouvert ne me semble pas être une bonne solution. [...] J'ai conscience que tu te sens victime d'un environnement hostile et touché directement (mets en œuvre l'accord toltèque « n'en faites pas une affaire personnelle »). Ce sentiment d'être victime t'emmène dans un triangle de Karpman, dont on sait que c'est un jeu (jeu « psychologique » appelé plus souvent « jeu de cons ») dans lequel chacun finit perdant voire très cabossé.*
>
> *[...] Les seuls gagnants seront ton avocat et celui de l'entreprise. Je crains d'ailleurs que ton avocat – dans son intérêt et en te faisant miroiter ta*

probabilité de gagner – ne te pousse à l'escalade (c'est de la manipulation). Pour éviter que ces jeux ne dégénèrent, selon moi, le meilleur moyen d'agir est de les éviter (pas en fuyant mais en s'affirmant assertivement), de ne pas les lancer et de revenir aux phases amont (débat et échange en Adulte avec sortie négociée au mieux de tes intérêts).

Ton égogramme t'a rappelé que tu étais très spontané. C'est une énorme qualité mais aussi un risque réel. Bref, très complexe, une procédure longue apporte toujours des petites victoires, des satisfactions mais aussi des uppercuts dans la figure, des tensions (de la tension au sens physiologique et du stress permanent avec leurs conséquences psychologiques, morales et physiques), des doutes, et des émotions négatives pendant des mois. En sortir les évite et permet de se reconstruire en prenant qui plus est du recul. Mon meilleur conseil de médiateur qui ne supporte pas d'aller plus avant dans le conflit est donc la discussion raisonnée et la désescalade.

Je t'ai déjà proposé de te conseiller gracieusement (ou plutôt pour une bière au café du coin). Tu dois vivre un deuil, avancer sur la courbe du deuil, sortir de ta colère pour aller vers des petites victoires (pour toi et non contre d'autres). Plus vite tu en sors, mieux ce sera, et plus vite tu pourras rebâtir ton futur. Tu es jeune, as une très belle expérience, une culture immense... Appuie-toi sur ces ressources et continue à les développer. Tu dois te donner la permission d'aller vers un autre futur que celui que tu avais imaginé il y a quelque temps en identifiant ce qui est positif dans ce futur. Ne pas escalader et aller au combat me semble la seule protection juste pour toi. 3P : permission, protection, puissance. Je te laisse prendre du recul par rapport à tout cela. N'hésite pas à m'appeler dès que possible. Amicalement. »

Yoga des yeux, colonie de vacances et bullshit managérial

Dans ce texte, le coach utilise les conclusions d'un test de personnalité très controversé appelé égogramme pour disqualifier les choix de son client, multiplie les références ésotériques et/ou pseudoscientifiques (les notions d'accord toltèque ou de triangle de Karpman) a recours à une forme de *gaslighting*[1] en faisant douter une victime de

1. Le gaslighting est une forme de manipulation psychologique où une personne fait systématiquement douter une autre de sa propre perception de la réalité ou de son jugement. Le manipulateur nie ou minimise les expériences de sa victime ou la convainc qu'elle « imagine des choses », créant ainsi une dépendance émotionnelle et une perte de confiance en soi.

ce qu'elle a vécu[1] (il ne dit pas à Michel qu'il est victime mais qu'il se « sent victime d'un environnement hostile » et lui reproche à demi-mot d'en « faire une affaire personnelle ») et en suggérant que la personne qui le fait souffrir n'est pas celle qu'il croit (il serait manipulé par son avocat et non pas malmené par son collègue).

À l'origine missionnés pour des points précis et le développement de compétences identifiables – mieux communiquer, mieux manager, mieux s'organiser –, les coachs sont de plus en plus souvent appelés pour résoudre des problèmes de conflits, de burn-out[2] ou de mal-être qui auparavant étaient l'objet d'un dialogue social. Ces missions sont d'autant plus régulières dans un contexte où des sondages décrivent une bonne partie des cadres français comme en situation de mal-être[3] et/ou d'épuisement professionnel. Le cas

---

1. Dans son livre *Qu'est-ce que l'emprise*, la thérapeute Anne Clotilde Ziégler dénonce les stratégies de « retournement » qui consistent, pour les manipulateurs, à attribuer à leurs victimes la faute de leurs propres erreurs et emportements. Elle pointe aussi du doigt la complaisance face aux comportements abusifs, citant par exemple ces situations où « on explique à un collaborateur que son patron est un peu caractériel mais brillant et que ça va souvent ensemble ».

2. Dans son étude sur les coachs en reconversion professionnelle, la sociologue Anne Jourdain indique : « Le burn-out apparaît effectivement comme la première cause citée de recours au coaching parmi les enquêté·es qui se sont fait coacher. »

3. Une étude réalisée en 2017 par le cabinet Robert Half sur le bonheur au travail plaçait la France en dernière position sur huit pays

de Michel invite à se demander si les coachs, et leurs méthodes souvent ésotériques, aident vraiment les salariés.

Cette irruption des méthodes farfelues voire de l'irrationnel dans la sphère professionnelle peut par ailleurs sembler incompréhensible. Comment l'expliquer ? Une première piste nous est fournie par l'enseignant-chercheur en management Christophe Genoud. Après quinze ans d'absence, il a retrouvé sa discipline en 2018 et est « tombé par terre » face aux nouveaux ouvrages de référence : « On n'est plus dans la littérature scientifique que je connaissais, mais uniquement dans du développement personnel, du spirituel… » Le chercheur se décrit comme « terrifié » face aux contenus de ces livres.

En 2023, il a écrit un livre sur le bullshit managérial[1] dans lequel il tente de démontrer les failles de différents courants managériaux à la mode. Un constat partagé par André, coach repenti : « Aujourd'hui, impossible d'ouvrir un livre de management sans tomber sur de la méditation. Il y a vingt ans, je côtoyais des professionnels établis. Aujourd'hui, ce ne sont que des personnes en

investigués, tandis qu'en 2023, un sondage pour l'APEC décrivait qu'un cadre sur deux déclare ressentir un épuisement professionnel.

1. Christophe Genoud, *Leadership, agilité, bonheur au travail… bullshit ! En finir avec les idées à la mode et revaloriser (enfin) l'art du management*, Vuibert, 2023.

reconversion, on va dans une yourte, on fait brûler de la sauge, on fait des méditations guidées… »

Parmi les facteurs de ce glissement : la littérature managériale, autrefois ancrée dans la science et la preuve, a muté. Ceux qui la consomment sont de plus en plus friands de nouveaux concepts, et surtout de concepts qui détonnent – on dira d'eux qu'ils sont disruptifs ou « catalyseurs de changement ». Dès 2005, les chercheurs David Greatbatch et Timothy Clark observaient déjà que le délai entre la diffusion d'un concept managérial nouveau et son pic de popularité s'accélérait sans cesse : de 15 ans dans les années 1950 à 7,5 ans les années 1980, jusqu'à 2,5 ans depuis les années 1990. La littérature managériale s'est ainsi métamorphosée sous l'influence des « gourous du management » – consultants, facilitateurs, auteurs à succès – capables de capter l'air du temps. Enfant de cette littérature florissante des années 1980-1990, le coaching a prospéré grâce à ces croyances et techniques clinquantes.

« Je suis positif, je suis acteur de ma vie »

Sophie, la déléguée syndicale accompagnant Michel, m'a décrit comment des coachs intervenus dans son entreprise proposaient à des salariés en conflit ouvert – l'un ayant déposé plainte pour harcèlement moral – de participer ensemble à des jeux de rôle « totalement infantiles » censés ressouder les équipes : « On nous dit des banalités sur les émotions et on nous propose des petites activités ludiques. C'est abrutissant, on nous fait faire des trucs niveau colonie de vacances alors qu'on a avec nous des adultes en souffrance. Vu le niveau de souffrance, j'ai la haine contre ces moments de coaching. »

Mathilde, salariée trentenaire chez L'Oréal, m'a raconté avoir assisté au travail à des séances de « yoga des yeux », des « webinaires sur la psychologie positive » et des « méditations guidées » sur Teams. Initiatives dérisoires face à des équipes, selon elle, démoralisées par la charge de travail, quand elles ne sont pas déjà en burn-out.

En 2022[1], j'avais interrogé Luc, développeur dans une grande entreprise informatique. Il me racontait une conférence animée dans sa boîte par un coach : « Il nous a parlé des couleurs de nos personnalités, tenant des propos misogynes – "Les hommes aiment diriger, les femmes sont autrement" – et frôlant parfois le racisme avec des généralités sur la personnalité selon les continents. » Quatre heures de dérive, jusqu'à l'ésotérisme le plus débridé : la mémoire émotionnelle de l'eau, les pseudo-

1. Thibaut Schepman, « À la fin, le coach a utilisé un tambour de chaman... », *Les Jours*, 23 octobre 2022.

médecines, l'énergie invisible, l'évacuation des mauvais souvenirs par l'urine, les maladies héritées de nos ancêtres… « À la fin, il a utilisé un tambour de chaman, il a fait psalmodier tout le monde, tout le monde devait sauter et répéter la même chose. »

Luc avait vite détecté des signaux qui lui semblaient alarmants dans le discours du conférencier, mais m'avait décrit se sentir bloqué et obligé de rester : ce coach avait un CV ronflant[1] et, surtout, avait été choisi et chéri par la plus haute hiérarchie de son entreprise. Citant un autre exemple, l'experte de la Miviludes partageait le même malaise : « C'est très déstabilisant pour des salarié·es de voir arriver un coach qui traite de tout un tas de choses

1. L'auteur de ces coachings pour le moins surprenants m'avait assuré, preuves à l'appui, être missionné dans des écoles de management ou même avoir travaillé à plusieurs reprises dans des institutions publiques comme la Caisse des dépôts. Le service de presse de la Caisse des dépôts m'a indiqué ne pas en avoir la trace et m'a assuré ne pas faire appel à des conférenciers en développement personnel. Le coach était, lui, en mesure de citer avec précision les lieux et le contexte de ses interventions. En 2019, *La Lettre A* dévoilait d'ailleurs que la Caisse des dépôts avait signé douze contrats de coaching avec plusieurs cabinets parisiens fixant chacun « des coûts de facturation supérieurs au million d'euros ». Six mois plus tôt, le même organisme avait annoncé le premier plan de départs volontaires de son histoire. https://www.lalettre.fr/fr/entreprises_finance/2019/10/24/la-caisse-des-depots-sort-les-grands-moyens-pour-coacher-ses-equipes,108378699-bre.

https://www.lalettre.fr/fr/entreprises_finance/2019/03/15/la-caisse-des-depots-travaille-a-reduire-ses-effectifs-d-ici-2021,108349081-bre.

sauf de votre activité technique et professionnelle. Imaginez, vous êtes dans un domaine extrêmement technique et le coach arrive avec des clochettes aux pieds. Des clochettes aux pieds… Les salariés se demandent : "Où suis-je ?" Et en plus, dans de nombreuses situations, le coach prend le pouvoir pendant son intervention. »

Des conférences qui hypnotisent

Ces conférences ont une histoire. Elles ont été conçues comme des machines à séduire, convaincre et parfois manipuler. Comme l'a minutieusement documenté le podcast *Méta de choc*[1], ces événements opèrent tels de véritables tunnels de séduction et d'endoctrinement.

Entreprises et institutions y succombent. Une vidéo folle de ce genre, tournée dans l'amphi d'une université savoyarde, m'avait poussé à entamer mon enquête publiée par *Les Jours*[2] : des étudiants dansant et hurlant en chœur à un coach : « Je suis positif, je suis acteur de ma vie. » Dans un live

1. *Méta de choc*, « Coaching : l'eldorado de la manipulation mentale », octobre 2021.

2. Elle avait été repérée par Vincent Flibustier, un « formateur en réseaux sociaux » connu pour ses méthodes controversées mais aussi son talent certain pour dénicher les manipulations. x.com/vinceflibustier/status/1565714769319002113.

Facebook de l'époque, le coach en question se félicitait de ses interventions de « stand-up coaching » à l'université : « C'est extraordinaire. Tu vois des gamins [...] qui font évoluer leur vie en sept cours de deux heures. J'ai vu des évolutions énormes, j'ai vu des étudiants pleurer. [...] Y en a qui ont changé leur vie derrière, c'est une réalité. »

Élisabeth Feytit, documentariste et créatrice du remarquable podcast *Méta de choc*, analysait cette séquence : « Il commence par dire "il y aura un avant, un après", c'est très classique. Il promet monts et merveilles, sans être clair sur les résultats. Il invite à bouger, à se faire la bise, il met de la musique fort. Ce sont des outils de conditionnement très connus, qui ont été étudiés. » Le psychologue Nicolas Sajus confirmait : « C'est démontré, faire danser et écouter de la musique fort va galvaniser les gens, ça lève les inhibitions jusqu'à des états modifiés de conscience voire jusqu'à la transe, ça les rend aussi plus suggestibles. » Est-il normal que des personnes maîtrisant le conditionnement et la modification des états de conscience soient autorisées à intervenir auprès d'étudiant·es ?

Dans le cadre de ses recherches, l'historien des religions Damien Karbovnik s'est glissé dans une conférence de coaching, attiré par les publicités qui le poursuivaient sur les réseaux sociaux. Dans une « salle prestigieuse » de Strasbourg, face à plusieurs centaines de personnes, il assiste à un spectacle déroutant : l'orateur commence par confesser qu'il n'a rien à leur apprendre, puis enchaîne les platitudes. Mais le contenu importait peu – seuls l'acte et l'émotion comptaient. « La force de son discours tenait à la puissance de sa propre révélation. Il utilisait un système d'appel et de réponse, comme dans le gospel. Les gens étaient embarqués et répétaient des phrases de motivation, comme ils auraient pu répéter "Jésus, sauve-moi". »

Ces propositions fantasques du coaching ne sont pas simplement inutiles, elles peuvent s'avérer dangereuses. Le dirigeant de la Miviludes, son adjointe et une conseillère m'ont décrit anonymement des cas de coaching survenus récemment dans des entreprises françaises. Ces cas sont suffisamment graves pour que des personnes leur fassent un signalement et que leurs services s'activent en aidant ces proches de victimes et/ou en transmettant des informations aux autorités compétentes[1]. Comment est-ce possible ? « Nous sommes face à un champ totalement dérégulé. Ces interventions relèvent souvent de la décision d'un individu ayant des responsabilités, pas nécessairement des RH. Ensuite, tout peut arriver. Par conséquent, lorsqu'il existe un préjudice,

1. De l'Ordre des médecins aux policiers et gendarmes de la cellule d'assistance et d'intervention en matière de dérive sectaire (Caimades) ou aux autorités judiciaires.

c'est le droit pénal qui peut trouver à s'appliquer », me décrit le dirigeant de la Miviludes.

Il et elles m'ont cité les poursuites ou condamnations que risquent certains coachs sur lesquels il et elles ont été alerté·es : abus de confiance, abus de faiblesse, placement ou maintien d'une personne en état de sujétion psychologique ou physique, exercice illégal de la médecine ou de la pharmacie, provocation à l'abandon de soins…

Méditation forcée et larmes programmées

Les récits sont glaçants. Rééquilibrages énergétiques, ouverture des archives akashiques[1]… Une salariée témoigne : « Lors du dernier séminaire, nous avons subi un rituel de purification, puis une séance d'hypnose collective pour atteindre un état de conscience augmentée. Nous étions ensuite fortement incités à consulter cette coach personnellement. » Un autre employé rapporte : « On s'est retrouvé dans un château pendant deux jours, dans un cercle de parole. On nous a demandé si tout le monde consentait, avec un vote à main levée. Un

1. Cette notion, popularisée par le théosophe Rudolf Steiner au début du XXe siècle, avance qu'il existerait une sorte de « bibliothèque cosmique » où seraient enregistrés toutes les pensées, émotions et événements de l'humanité, accessible par des états de conscience modifiés.

jeune collègue a dit : “Émotionnellement, je ne suis pas capable.” Je me suis opposé également. Mais finalement, je n’ai pas eu le choix. » Le cercle de partage bienveillant n’était qu’un lieu de contrainte.

Tout comme l’était ce week-end d’intégration, signalé à la Miviludes, pendant lequel les salariés d’une grande entreprise française ont dû partager en groupe leur souvenir le plus traumatisant, pour ensuite « travailler » avec leurs collègues sur leurs blessures. Décidément, c’est une habitude qui me revient très souvent depuis le début de cette enquête. Or ces séances de déballage intime, au mieux gênantes pour des personnes ayant seulement vécu des situations compliquées, sont potentiellement dévastatrices pour des personnes ayant à gérer de lourds traumatismes.

Après son émission sur les dérives d’un célèbre coach américain, Élisabeth Feytit a reçu plusieurs témoignages inquiétants sur ce thème. L’un d’eux, particulièrement troublant, raconte : « Dans ce séminaire d’entreprise, nous dormions à même le sol dans des conditions difficiles. Physiquement épuisés, nous étions contraints de méditer puis de partager des expériences intimes devant tout le monde. Des collègues se sont mis à pleurer en révélant des choses graves et personnelles. Je suis rentrée avec un sentiment de malaise profond, comme si on avait tenté de faire du forcing dans mon cerveau. » Difficile de ne pas remarquer que créer une vulnérabilité artificielle par l'épuisement physique, puis à pousser aux confidences, s'apparente aux techniques classiques de manipulation mentale.

J'interroge le psychiatre Hugo Baup, vulgarisateur reconnu en santé mentale. Sa réponse est sans appel : « Évoquer des souvenirs douloureux en groupe expose à des flash-backs, à des reviviscences. Cela renforce ceux qui s'expriment facilement mais génère une souffrance pour les autres, qui peuvent développer un sentiment d'isolement. » Il déplore qu'en matière de santé mentale « tout le monde puisse se prétendre expert et s'immiscer dans l'esprit des gens ». Par contraste, il compare la situation à quelqu'un qui s'improviserait spécialiste du foie ou du rein. Sa conviction ? « Dans bien des cas, mieux vaudrait orienter vers des professionnels de la santé mentale plutôt que vers des coachs. » Sa consœur Marine Paucsik renchérit : « Les remémorations de souvenirs douloureux peuvent, si elles sont bien encadrées, être thérapeutiques dans certains cas précis. Sinon, le risque est de retraumatiser. »

Voilà donc où nous en sommes : dans les entreprises françaises, des personnes sans qualification reconnue jouent avec les traumatismes d'autrui comme d'autres manipulent des tableurs Excel. Des coachs autoproclamés invitent leur auditoire à dialoguer avec leurs livres imaginaires ou à se livrer et à pleurer en public. Les dirigeants s'en réjouissent et signent les chèques.

V

Et ils vécurent euros

Le storytelling toxique du coaching

Pour le bien de cette enquête, je me suis plongé dans les contenus, les méthodes, les croyances des coachs. Qu'ils opèrent dans le silence feutré des bureaux de direction ou dans l'effervescence des séminaires collectifs, qu'ils arborent diplômes prestigieux ou s'affichent autodidactes, une constante : le mysticisme, on l'a vu, irrigue les pratiques de la majorité d'entre eux. Même les coachs qui épaulent les hauts dirigeants, qu'on imagine rationnels et pragmatiques, baignent leurs méthodes dans un étrange cocktail spiritualisant. C'est en listant et en recoupant leurs écrits que j'ai pu saisir à quoi servent ces croyances et de quoi cette spiritualité est le nom : une véritable idéologie de la docilité déguisée en maturité émotionnelle voire spirituelle.

Sur mon bureau s'étalent les mails et comptes-rendus adressés par un coach à Dominique, figure médiatique renommée désormais septuagénaire. Trente années durant, la presse avait encensé son intelligence tactique et son flair politique. Puis vint la disgrâce. Brutale, inattendue. Ceux-là mêmes qui l'avaient supplanté lui conseillèrent de consulter un·e coach pour « faire le deuil » de sa carrière. Ce faisant, l'évincé va devoir apprendre à se blâmer lui-même.

Les exercices prescrits par ce coach oscillent entre l'enfantin, l'étrange et l'insidieux. Dominique s'est retrouvé à pratiquer « l'autolouange acrostiche » – une méthode consistant à décomposer son prénom en vertus fantasmées. Pour moi, cela aurait donné : Téméraire, Honnête, Indépendant, Bienveillant, Autonome, Utile, Tenace. Charge à lui de réciter ce mantra pour apaiser sa douleur. Ces techniques décalquent parfois mot pour mot celles proposées à Michel : sous leurs aspects sur mesure, bien des techniques de coaching sont en réalité industrialisées.

Blâmer les victimes

Le coach de Dominique lui a prescrit des méthodes de « changement personnel » comme l'analyse transactionnelle, le triangle de Karpman et d'autres concepts estampillés comme pseudo-scientifiques par la Miviludes. Ces méthodes ont un même apparat – la spiritualité ou les exercices alternatifs – mais surtout un même présupposé : convaincre le coaché que, s'il souffre, c'est qu'il se complaît dans un scénario de victimisation. Et qu'il serait peut-être temps de se réveiller ou de se bouger un peu. Dans un document expliquant ce fameux triangle, le coach de Dominique écrit ainsi sans nuance que « la victime attire à elle le persécuteur » et qu'« on reconnaît une victime par les blessures dont elle ne cesse de se plaindre ».

En clair, il est reproché aux personnes qui ont été factuellement blessées d'attirer d'autres manipulateurs ou bourreaux par leur comportement. Pourquoi pas, dans cette même logique, reprocher à une victime de viol d'avoir attiré son agresseur par son mal-être ou par sa minijupe ? C'est absurde, mais commun.

Dominique a joué le jeu jusqu'au bout, alors même que son coach a consacré beaucoup moins d'énergie à lui apporter des solutions concrètes qu'à le persuader que les solutions sont « en lui-même ». La conjointe de Dominique, qui jure avoir été « dès le début » sceptique face aux méthodes de ce coach, lui aura tout de même écrit un long mail répondant à un exercice descriptif appelé « feedback ». Un document listant toutes les failles et les angoisses personnelles de Dominique, y compris des blessures d'enfance. C'est ce matériau intime que le coach – rappelons-le, sans formation sérieuse – utilisera pour « travailler ». Sans faire de procès d'intention, un manipulateur ou un escroc ne procéderait pas autrement[1].

Que penser à ce titre des textes sur le pardon envoyés par ce coach ? Il y est expliqué pendant de longues pages qu'il est possible de « décider de ne plus utiliser l'autre pour garder son cœur fermé » et que « le pardon n'est pas quelque chose que je fais pour l'autre, mais bien pour moi-même », le tout émaillé de citations de Don Miguel Ruiz et Lise Bourbeau, deux coachs très controversés[2]. N'est-ce pas risquer d'ajouter encore de la culpabilité au mal-être, suggérant au coaché qu'il souffre

1. Dans son livre *Qu'est-ce que l'emprise*, la thérapeute Anne Clotilde Ziégler assure que les prédateurs s'intéressent en priorité à des personnes en train d'être bousculées par un événement de la vie : un deuil, un divorce, un conflit au travail, une passe difficile où elles seront vulnérables.

2. Don Miguel Ruiz est critiqué pour avoir simplifié et commercialisé des traditions ancestrales. Les théories de Lise Bourbeau sur les causes psychologiques et métaphysiques des maladies sont classées à risque sectaire par la Miviludes, manquent de fondement scientifique et peuvent culpabiliser les personnes malades ou les inciter à renoncer à des traitements (« Cette secte qui prône l'abandon des thérapies », *Ouest-France*, 2013). Les deux auteurs sont également critiqués pour promouvoir une vision individualiste du développement personnel qui minimise l'importance des facteurs sociaux, économiques et systémiques dans les difficultés individuelles.

non seulement de sa situation au travail, mais aussi de son incapacité à être positif dans l'épreuve et à pardonner ?

Le coaching comme paravent managérial

Amanda et Edgar sont collègues dans la filiale du nord de la France d'une multinationale du secteur des transports. Tous deux ont vu en 2020 arriver dans leur entreprise un nouveau chef des ressources humaines – devenu par la suite directeur général de la structure – à la réputation de « cost killer ». Il met en place une vaste stratégie de réduction des dépenses, supprime une vingtaine de postes. Le style managérial aussi a changé : « Il est toujours dans l'affrontement, il nous rappelle sans cesse qu'on coûte trop cher et que la maison mère peut du jour au lendemain fermer la branche française si on ne fait pas d'efforts », explique la quinquagénaire qui décrit comment ces efforts d'économies financières sont présentées de façon positive : « Il répète qu'il faut qu'on évolue, que la vie c'est le changement permanent, qu'on est mort si on ne s'adapte pas. » Edgar, représentant du personnel au comité social et économique (CSE), confirme : « Avec l'ancienne direction, on avait des débats parfois tranchés pendant les réunions CSE mais le dialogue était toujours calme et constructif.

Désormais, ces réunions sont souvent le théâtre de mensonges, de clashes ou de petites humiliations. »

En 2024, l'entreprise propose à ses salariés de remplir un questionnaire de satisfaction et bien-être au travail. Le niveau de confiance y est si bas que bon nombre de salarié·es refusent, par peur de devoir travestir la vérité ou d'être reconnu·es et/ou espionné·es s'ils expriment leur mal-être. Le chef de service d'Amanda et le nouveau directeur réunissent alors les salarié·es pour prouver leur attachement au bien-être au travail. Une annonce : une thérapeute sera missionnée pour faire des massages à des salarié·es souffrant de troubles musculo-squelettiques. Et une coach, déjà intervenue dans l'entreprise pour faire des tests de personnalités, viendra rencontrer chaque salarié·es volontaire pour l'aider à combattre son stress.

Amanda en a fait partie, elle dit avoir voulu voir si la démarche était ou non intéressante. Premier warning dès le début de l'entretien : la coach était censée anonymiser ces rencontres, mais elle a dit à Amanda connaître son salaire et a tenu à exprimer le fait que celui-ci est à ses yeux très correct. Ce faisant, elle a montré son soutien de la direction et délégitimé immédiatement l'aspiration d'Amanda à une augmentation. Second warning : la coach a insisté sur le besoin d'Amanda de « travailler sur ses résistances au changement », ce qui revenait à lui demander d'obéir sans broncher à toutes les dégradations de sa qualité de travail. Exactement le discours de la direction, donc.

Edgar, quant à lui, s'est entendu dire qu'il est « toujours négatif de ressasser le passé, puisque par nature on ne peut pas le changer », ou encore qu'il serait plus constructif de ne plus s'opposer à la direction frontalement. Un exemple : « J'ai dit à la coach que la direction ne respecte pas la loi quand elle ne communique pas lors du CSE certaines informations obligatoires. La coach m'a conseillé de cesser de m'opposer, et de répondre plutôt : "J'entends que vous n'avez pas la réponse à ce jour, je vous fais confiance pour revenir vers moi quand vous aurez la réponse." » Selon Edgar, ces conseils sont peut-être utiles dans une famille ou dans une entreprise dans laquelle le dialogue est apaisé. Mais, estime-t-il, « avec notre direction, on est dans un rapport de force, si vous laissez tout passer, si vous ne surveillez pas, vous ne gagnez rien. »

La coach lui a également conseillé de s'interroger sur sa propre responsabilité dans le conflit social : « Elle m'a comparé à ces femmes violées par plusieurs hommes qui l'ont peut-être cherché, à force. Je trouve ça honteux comme idée, et je sais qu'elle l'a dit aussi à un collègue. » Une dernière solution proposée par la coach : si travailler dans cette entreprise lui est trop douloureux, il est peut-être plus sage d'accepter que la situation ne lui convient pas et de démissionner. Coïncidence ? Cela ressemble encore aux propositions de la direction. Et c'est visiblement fréquent. Dans un article intitulé « Comment les coachs individualisent les maux du travail », la sociologue Anne Jourdain avait identifié une même tendance chez d'autres coachs : « Inspiré·es par des formes de vulgarisation et de banalisation des schèmes d'interprétation psychologiques que l'on retrouve notamment dans le développement personnel, les coachs répondent aux maux du travail et aux insatisfactions professionnelles des salarié·es en les incitant à changer de travail et d'emploi plutôt qu'à se mobiliser collectivement pour transformer le travail et les conditions d'emploi. »

Une tendance historique : psychologiser les conflits sociaux

Nicolas Sajus, docteur en psychologie qui accompagne des victimes de dérives sectaires, m'a rapporté le cas similaire d'une de ses patientes, cadre, harcelée sexuellement par son supérieur. Après qu'elle l'eut dénoncé, son entreprise lui a imposé un coaching comme « aide ». Son coach a d'abord minimisé : « Les actes de ce chef n'étaient peut-être pas si mauvais. » Puis il a renversé la charge : c'était à elle de « travailler sur elle ». Lorsqu'elle a voulu arrêter ces séances, le coach l'a signalé à sa hiérarchie, qui l'a alors culpabilisée pour son « manque de volonté ». Elle est harcelée ? C'est sa faute. Elle n'accepte pas de se remettre en question ? Encore un tort à lui attribuer.

Diane, représentante des personnels dans la fonction publique, milite depuis le début des années 2020 contre un management brutal et contre le nombre de « chaises vides » – faute de recrutements – dans son service. En réponse, elle a vu arriver une coach payée sur fonds publics. Celle-ci lui a posé des questions comme « Quel animal êtes-vous ? » ou « Comment qualifiez-vous votre relation avec votre supérieur ? » Le résultat ? Un nuage de mots présenté aux équipes. « À quoi peut servir un nuage de mots face à des problèmes aussi concrets ? s'indigne Diane. Cette coach ne parle que de ressenti personnel, jamais de solutions collectives. » Son syndicat, SUD, dénonce un double discours dont le coaching sert de paravent : « On a de plus en plus de gens à la direction des services qui sont là pour faire des économies et qui rejettent toute idée d'amélioration des conditions de travail. Dans le même temps, ils proposent des formations et "moments d'acculturation" sur telle ou telle méthode de management magique ou vantent la respiration carrée ou la méditation au travail. » Vous vous sentez mal au travail ? Respirez ou méditez un bon coup, tout va bien se passer.

Cette responsabilisation excessive des travailleurs face à leur mal-être n'est bien sûr pas propre au coaching et s'inscrit dans une tendance profonde[1]. L'organisation du travail isole de plus en plus les individus, c'est largement documenté[2]. Un fait tout simple incarne la cécité organisée autour des causes structurelles du mal-être au travail : le burn-out reste banni du tableau des maladies professionnelles en France. Les chiffres crient pourtant l'évidence d'une épidémie silencieuse. En 2015, l'Institut de veille sanitaire recensait 480 000 personnes en détresse psychologique au travail et 30 000 en burn-out. Or, en 2022, seules 1 669 personnes ont

1. Scarlett Salman rapporte que, des années 1930 aux années 1950, certains psychologues dont le célèbre Elton Mayo avaient ainsi développé une approche psychologisante et prétendument thérapeutique des tensions sociales constatées dans les usines. L'un de ces psychologues, Roethlisberger, a reconnu qu'il s'agit là d'une astuce consistant non pas à résoudre les problèmes mais à les « mettre dans un autre cadre de référence », qui n'interroge jamais l'organisation du travail.

2. Par exemple dans l'ouvrage pluridisciplinaire *Les Risques du travail. Pour ne pas perdre sa vie à la gagner*. Dans son introduction, les auteur·ices décrivent ainsi comment le travail « prend de plus en plus l'allure d'un face-à-face direct entre un individu seul et une organisation du travail anonyme », ce qui entraîne « l'ignorance dans tous les sens du terme du collectif comme ressources sociales primordiales pour le travail ».

obtenu[1] la reconnaissance du caractère professionnel de leurs maladies psychiques.

Faisons le calcul : plus de 99 % des burn-out sont renvoyés à la sphère privée, comme des défaillances personnelles. Le management à la française est notoirement mauvais – un rapport de l'Igas (Inspection générale des affaires sociales)[2] pointe des pratiques managériales françaises « très verticales et hiérarchique » et une reconnaissance du travail « beaucoup plus faible » que dans d'autres pays européens. Cela a des conséquences directes et mesurées sur la santé mentale. Selon une étude coordonnée par l'Inserm (Institut national de la santé et de la recherche médicale) et publiée en avril 2024[3], la France affiche l'un des taux les plus élevés d'Europe de troubles psychologiques liés au travail, à commencer par la dépression.

Malgré tout, la responsabilité du mal-être au travail – qui est un problème structurel – repose

---

1. Question écrite n° 10210 au Sénat : prise en compte du burn-out ou de l'épuisement professionnel en tant que maladie professionnelle, https://www.senat.fr/questions/base/2024/qSEQ240210210.html.

2. Inspection générale des affaires sociales, « Pratiques managériales dans les entreprises et politiques sociales en France : Les enseignements d'une comparaison internationale (Allemagne, Irlande, Italie, Suède) et de la recherche », 19 mars 2025.

3. Claude Gauvreau, « Risques psychosociaux au travail », *Actualités UQAM*, 2 avril 2024.

quasiment exclusivement sur le dos des salariés. C'est d'autant plus problématique que, selon une enquête menée en 2025 par le cabinet Empreinte humaine, l'individualisme croissant en entreprise est identifié par 60 % des sondés comme la principale cause de dégradation de la santé mentale au travail. On prescrit un remède individuel – le coaching – à une maladie collective dont l'individualisme est justement le symptôme principal.

On peut lire cette même cécité dans un article du magazine *L'Express*[1] publié en janvier 2025. Cet article rebondissait sur un sondage révélant que 67 % des salariés « se rendent au boulot sans motivation ». Face à cette statistique stupéfiante, deux lectures possibles. La première : interroger la faillite du management contemporain, remettre en question l'organisation actuelle du travail, questionner l'aliénation structurelle et déprimante des sociétés capitalistes. La seconde : blâmer les déprimés. C'est cette dernière que privilégie *L'Express*, optant pour une charge contre les « gens négatifs » qui « pourrissent la vie de tout le monde et semblent se complaire dans leurs difficultés », comparés à un « prophète de malheur » qui « rend fou son manager, son entourage et finit par désespérer ses collègues ». En pointant ces salariés prétendument

1. « Les gens négatifs, une purge pour les managers : "Ne vous laissez surtout pas envahir par la situation" ».

toxiques, n'oublie-t-on pas les entreprises qui rendent malades leurs employés ?

Diane déplore que ses collègues ayant des raisons légitimes de faire des reproches à leur employeur aient intériorisé cette logique : « Les gens en souffrance ne viennent plus voir les syndicats. Quand un collègue va mal, on lui parle de yoga, pas de défendre ses droits. » Elle rappelle pourtant l'évidence inscrite dans le droit du travail : « Il faut adapter le travail à l'homme, ce n'est pas aux hommes de s'adapter au travail[1]. »

Le coaching au service du pouvoir

George Monbiot, dans son essai *La Doctrine invisible*, élargit la focale. Ce qu'on observe dans l'entreprise n'est que la manifestation d'une mutation qui touche nos vies entières : « La responsabilité de l'échec du système est portée par les individus. Nous absorbons cette philosophie jusqu'à devenir nos propres bourreaux[2]. » Le journaliste démonte méticuleusement le dogme premier du néolibéralisme, ce catéchisme élaboré par Hayek et Friedman désormais imprégné dans notre conscience

1. Article L4121-2 – Code du travail, Obligations de l'employeur. 4° Adapter le travail à l'homme.

2. George Monbiot, *La Doctrine invisible*, Éditions du Faubourg, 2025.

collective : « Chacun est responsable de son propre destin, et si vous tombez [...], c'est de votre faute, et uniquement de votre faute. »

Le coaching est autant la conséquence que l'outil de cette tendance. Tant de coachs me semblent dire, dans une forme de bienveillance que je trouve nuisible, que c'est aussi la faute de ces gens s'ils souffrent. Et c'est je crois l'une des explications de l'omniprésence de l'ésotérisme et du développement personnel teinté de spiritualité dans le coaching : ils contribuent à individualiser les problèmes et à demander à ceux qui en souffrent de le vivre en souriant.

Une coach interrogée par la sociologue Anne Jourdain, prénommée Diana, l'assume sans détour : « Si je vois que la personne rejette toujours la faute à l'extérieur, que ce n'est pas sa faute, que c'était la faute du patron qui est un mauvais manager, je vais avoir du mal à agir. [...] En général, si la personne a un problème, c'est elle, le problème. Le travail de coach, c'est de lui faire prendre conscience que c'est elle, le problème, et que si elle n'a pas les résultats qu'elle veut, c'est elle qui est à l'origine de ça. »

Lors de mon entretien avec la Miviludes, une conseillère me confirme avoir constaté ce biais : « Dans les témoignages que nous recevons, on constate qu'il est toujours plus facile pour les coachs de dire que le problème vient de l'individu plutôt que de l'organisation. C'est aussi une manière de ne pas remettre en cause une entreprise ». Eva Illouz, coautrice de *Happycratie*, décrypte ce que provoquent ces injonctions : « Beaucoup de gens souffrant d'anxiété au travail font appel à des coachs pour que leur personnalité s'adapte aux nouvelles conditions [de travail]. La positivité devient un autre nom de la docilité et de la discipline – celle qui fait accepter des conditions difficiles en y voyant des opportunités d'épanouissement. »

La sociologue Hélène Stevens en a été témoin dans une grande entreprise du secteur informatique[1]. Là-bas, les restructurations s'expliquent comme un coup du sort, un coup de pas de chance : « L'entreprise ne peut plus garantir la stabilité des emplois. » Les salariés sont alors exhortés à rompre avec la « culture maternante » d'antan pour embrasser la « culture entrepreneuriale » – ce mot-valise qui sublime la précarité en opportunité.

Hélène Stevens a observé comment de prétendues « formations » se transforment en rituels d'acceptation du changement. Clou du spectacle : des ateliers centrés sur le « travail de deuil » – là encore – sont présentés comme nécessaires pour

1. Hélène Stevens, « Autonomie récusée, autonomie fabriquée. Informaticiens à l'épreuve de l'*Entreprise de Soi* », in *Genèses*, n° 87, 2012, p. 90-112.

abandonner des positions professionnelles ou des valeurs jugées obsolètes et inadéquates. Elle décrypte : « C'est donc à l'individu, pensé de manière isolée, de changer, de s'adapter. »

« Lâcher » sur ses croyances

Dans son livre *Aux bons soins du capitalisme. Le coaching en entreprise*, la sociologue Scarlett Salman démontre comment les coachs questionnent désormais systématiquement les cadres sur leur personnalité et leur histoire personnelle pour y localiser l'origine de leurs problèmes professionnels – détournant ainsi l'attention des attentes démesurées ou du manque de moyens. « Le coaching est à la fois un moyen mis à disposition du cadre et le signal que c'est à lui que revient la charge de gérer, psychiquement et relationnellement, les contraintes de l'activité », explique-t-elle avant de constater qu'en cas d'échec, « le coaching peut précéder un licenciement et justifier ce dernier » en devenant « la preuve de l'incapacité du cadre ».

Face la boîte gagne, pile le ou la salarié·e perd. De même, l'ancien DRH Didier Bille explique comment un salarié appelé Marc a commencé à être mal vu de sa direction quand il s'est syndiqué après dix-sept ans d'ancienneté. Il a été placé dans un plan d'amélioration de la performance et a « bénéficié » de vingt-six séances de coaching. Ce coaching est devenu la preuve de sa prétendue défaillance. Il n'a fait que trois séances avant d'être licencié pour insuffisance professionnelle.

Scarlett Salman détaille le cas d'une grande entreprise du secteur bancaire qui a connu une réorganisation due à des « doublons hiérarchiques » après une opération de fusion-acquisition. Derrière cet euphémisme managérial se cache une réalité brutale : parce que des dirigeants ont fusionné deux entreprises, des salariés se sont retrouvés en concurrence directe sur des postes similaires. La direction a choisi d'en rétrograder certains.

Face aux protestations, une responsable du coaching diagnostique : « Des managers n'ont pas voulu lâcher sur leurs croyances. » Elle a félicité ceux qui ont accepté le déclassement en leur attribuant des caractéristiques psychologiques adaptées, tout en demandant aux récalcitrants de « travailler sur eux-mêmes » pour ne pas rester « rigides sur leur culture d'avant ». Traduisons : si ces cadres sont en colère, ce n'est pas parce que leur entreprise les a placardisés, mais parce qu'ils manquent de souplesse psychologique. Ils devraient même être reconnaissants que l'entreprise leur paie un coaching pour « s'améliorer ». Cette stratégie est implacable : Vous acquiescez aux mots du coach ? Vous confirmez la pertinence de la méthode. Vous résistez ? Vous exhibez vos « blocages » et votre « mindset défaillant » – preuve irréfutable que le coaching était nécessaire.

Cette logique toujours gagnante se retrouve jusque dans les échecs incontestés. Dans une vidéo tournée en novembre 2024 avec ma coach, l'une de ses élèves reconnaît que son coaching n'a pas produit les résultats promis – son entreprise plafonne à 100 000 euros de CA, contre 250 000 attendus. « Ça ne veut pas dire que le coaching ne marche pas, ça veut dire que ma pensée a encore besoin d'être nettoyée, il faut que je repratique parce que ça va arriver », affirme-t-elle, transformant son échec en preuve supplémentaire qu'elle a besoin de plus de coaching. Échouer la rend encore plus conciliante et docile.

En dehors des entreprises aussi, la même logique contamine les travailleurs et travailleuses. L'enseignant en sociologie politique à l'université Lumière Lyon 2 Heiko Royet-Galante, qui a écrit plusieurs articles sur le coaching et le développement personnel, montre comment le coaching est devenu y compris pour des clients indépendants une façon de construire des récits qui individualisent les problèmes et aident à mieux accepter une situation difficile.

La troisième journée de travail

Le cas[1] d'Adélaïde est révélateur. Écrasée entre son travail et un foyer où son conjoint s'investit peu, elle décrit au sociologue avoir trouvé refuge dans les vidéos de David Laroche, coach célèbre dont certaines formations ont des prix à cinq chiffres. Elle en tire une solution. Se lever entre 5 h et 7 h du matin pour écrire un roman et/ou faire du sport. Depuis cette décision, explique le sociologue, « sa mise en récit d'elle-même » est celle d'un « travail de soi » réussi. Sauf qu'on pourrait aussi en tirer un autre récit et soupirer en constatant que les conditions de travail d'Adélaïde n'ont pas été améliorées, que son conjoint n'a pas remis en cause son « relatif désengagement » parental et qu'Adélaïde doit se lever chaque jour aux aurores pour trouver un sas d'épanouissement. Le chercheur en sociologie qualifie ce moment de « troisième journée de travail ». Adélaïde, imprégnée de pensée positive, le prend avec le sourire. Bravo à elle.

Avec un autre coaché, appelé Benjamin, Heiko Royer-Galante étudie spécifiquement la docilité dont font preuve les coachés et « la forte légitimité

1. Cité dans Heiko Royet-Galante, « La démarche de développement personnel : affirmation ou ajustement néolibéral ? Travail de transformation de soi dans quatre trajectoires sociales », *Regards sociologiques*, n° 61-62, 2023, p. 51-67.

charismatique accordée à David Laroche » par ces derniers[1]. S'éloignant de l'explication psychologisante ou de la comparaison avec la dynamique gourou/adepte, le sociologue propose plutôt une lecture sociologique du phénomène. Il rappelle la formule de Pierre Bourdieu : le « petit-bourgeois est un prolétaire qui se fait petit pour devenir bourgeois[2] » et décrit : « Pour la petite bourgeoisie d'origine populaire, le "travail sur soi" est la démarche du désarmé, [il est] obligé de surperformer la conformité [...] à défaut de posséder des capitaux objectifs et un habitus réellement ajusté à la classe à laquelle il se destine. » Dit autrement, certains types de coaching, notamment en dehors des entreprises, sont devenus un outil pour permettre aux classes populaires de tenter d'approcher le rêve de l'ascenseur social vendu dans les sociétés capitalistes.

Le storytelling, nouvel opium

Un autre passionné de David Laroche, appelé Samuel, illustre la séduction des récits du coaching. Ce qui a attiré ce jeune homme d'un quartier populaire qui se définit lui-même comme un

1. *Ibid.*
2. Pierre Bourdieu, 1979, p. 390, cité par Heiko Royer-Galante, art. cit.

« cas social », c'est selon le sociologue « la mise en récit de David Laroche ». Ce récit est celui d'un homme jadis timide et bègue métamorphosé en orateur charismatique par la seule force de sa volonté. Certains y retrouveront la trajectoire du vilain petit canard, d'autres celle de Steve Jobs. L'histoire est en tout cas plaisante et inspirante. Samuel adhère à cette fable qui lui fait rêver de créer sa propre rupture biographique.

Il change alors radicalement de vie : nouveau projet professionnel – devenir entrepreneur –, nouveau quartier – de la banlieue au centre-ville –, et nouvelles aspirations relationnelles – fréquenter des femmes coachées plutôt que les amies de son ancien quartier. Il devient « entrepreneur de soi », tapissant ses murs de citations inspirantes[1], se fixant des objectifs hebdomadaires, choisissant des fonds d'écran motivants. Il s'inscrit même à un concours d'éloquence, à un casting de mannequinat, et projette un saut en parachute.

Entendons-nous bien : donner sens à sa trajectoire ou mettre en récit ses épreuves n'a rien de négatif ou de critiquable. Nommer ses souffrances, entrevoir leur possible dépassement... Ces gestes narratifs peuvent être salvateurs. C'est même

1. C'est un geste classique chez les coachés, on le retrouve également dans l'une des premières scènes du film *Au nom du coach*.

souvent une première étape pour les affronter ou pour cohabiter avec elles. Mais il ne me semble pas que ce soit un levier suffisant pour régler toutes nos problématiques, surtout quand elles sont d'ordre professionnel. Il y a tant de choses concrètes à régler, au travail[1].

Cette omniprésence du storytelling dans le coaching mérite donc un examen critique. Ma propre coach utilise ces mêmes techniques narratives. Elle se raconte sans cesse comme quelqu'un d'une extrême timidité, issue d'un milieu populaire, qui a su accéder au statut de millionnaire et coach à succès. C'est sûrement vrai. Mais je constate que ces récits de vie me semblent davantage confirmer les normes sociales que les questionner : les failles ne sont révélées que pour mieux affirmer qu'elles ont été surmontées.

À la Miviludes, où affluent les signalements de dérives, on connaît par cœur la structure narrative de ces récits. « Le schéma est très souvent le même, m'explique une conseillère. Un individu "découvre" une méthode miraculeuse. Sa biographie raconte qu'avant, sa vie était un enfer, et maintenant tout est parfait. Puis il assure que c'est dans un élan prétendu d'altruisme qu'il

1. Deux livres ressources parmi tant d'autres sur le sujet : Camille Dorival, *Le travail, non merci !*, Les petits matins, 2011 ; Nicolas Framont, *Vous ne détestez pas le lundi : vous détestez la domination au travail*, Les liens qui libèrent, 2024.

commercialise sa révélation… » Sa voix trahit une lassitude teintée d'inquiétude face à la récurrence de ce scénario.

Cette industrialisation du récit s'inscrit dans une histoire précise, méticuleusement documentée par Christian Salmon dans *Storytelling. La machine à fabriquer des histoires et à formater les esprits* (La Découverte, 2007). Ce « hold-up de l'imagination » s'amorce dans l'Amérique des années 1990 avant de contaminer l'Europe. Propagée par des publicitaires, des stratèges politiques et des « gourous du management » [sic], cette tendance présente une caractéristique fascinante : la crédibilité de ses partisans repose précisément sur leur capacité à mettre en scène… leur propre succès.

Les fables sur la fortune

L'industrie du coaching excelle dans cet art du récit, parvenant parfois à présenter comme des modèles de réussite des personnes au parcours peu recommandable. En 2025, *Le Point* publiait un article élogieux présentant l'ancien boss de Deliveroo France, Adrien Falcon, comme une « référence du coaching en Europe », le décrivant comme un visionnaire qui aurait « accompagné plus de 200 fondateurs européens »[1]. Nulle mention dans ce portrait flatteur de sa condamnation en 2022 par le tribunal correctionnel de Paris à un an de prison avec sursis et 30 000 euros d'amende pour travail dissimulé. Après ce jugement, la cour d'appel a confirmé l'amende mais a annulé la peine de sursis. Cette omission est sûrement de bonne guerre, mais elle illustre aussi comment l'industrie du coaching peut reconstruire des histoires et des parcours, transformant des pratiques managériales condamnées par la justice en une supposée « expertise ».

Plus largement, le coaching fonctionne aujourd'hui comme une « sociodicée » au sens où l'entendait Pierre Bourdieu : un grand récit justifiant les inégalités, répétant à l'envi que « si on veut, on peut », gommant les inégalités patrimoniales, familiales et culturelles. Il suggère que les perdants du capitalisme sont ceux qui n'avaient pas suffisamment envie de réussir. Pas étonnant qu'il soit autant apprécié des entreprises et de certains dirigeants politiques.

Comme l'écrit le journaliste britannique George Monbiot, ces récits alimentent « le conte de fées hypnotisant » du néolibéralisme où « les riches croient avoir obtenu leur fortune grâce à leur

1. « Adrien Falcon : parcours d'une référence du coaching en Europe », *Le Point*, 21 mars 2025.

vertu » tandis que « les pauvres se sentent responsables de leur situation[1] ». Il analyse : « Le capitalisme nous persuade que nous sommes tous des millionnaires en puissance. C'est pour cette raison que nous le tolérons. » Quelle meilleure démonstration de cet adorable conte de fées qu'une coach nous promettant de devenir « millionnaire from the heart » ?

1. George Monbiot, *La Doctrine invisible*, *op. cit.*

PETITE GÉNÉALOGIE DU COACHING

Étape 2 : Les prophètes du succès face à la crise

24 octobre 1929, New York. Les marchés financiers s'effondrent, l'Amérique plonge dans la Grande Dépression. Des familles campent dans des bidonvilles rebaptisés « Hoovervilles », du nom du président américain désormais impuissant. Dans ce paysage dévasté germe une nouvelle espèce d'entrepreneurs : des vendeurs d'espoir. C'est l'ère des tribuns de la réussite, parfois des margoulins aussi. Avec son livre Réfléchissez et devenez riche *(1937), Napoleon Hill s'impose comme la référence d'une littérature vouée au succès financier par la pensée positive. Petit reporter local au début de sa carrière, il va devenir l'un des auteurs les plus lus de son époque.*

Ses conférences, calibrées comme des prêches religieux – mêmes gestes, mêmes modulations, mêmes appels à la transcendance – attirent les foules. Son influence perdure aujourd'hui : sur YouTube, ses archives cumulent des millions de vues, son message inchangé depuis presque un siècle : « Le pouvoir de la pensée est plus fort que la pauvreté, plus grand que le manque d'éducation, plus puissant que toutes vos peurs réunies[1]. » *Il était pourtant surtout un escroc : il a falsifié le titre d'avocat, multiplié les entreprises frauduleuses, menti sur ses rencontres avec des personnalités célèbres comme Andrew Carnegie ou les présidents Wilson et Roosevelt, s'est associé avec des sectes et des criminels, prétendu être capable de communiquer avec des esprits…*

Le prédicateur protestant Norman Vincent Peale a occupé le même créneau que Napoleon Hill, avec plus de succès encore. De sa chaire d'église comme à la radio, il enflamme l'Amérique des années 1930 avec ses sermons. Mais c'est son livre de 1952, La Puissance de la pensée positive, *qui le catapulte au panthéon culturel américain. Sa liturgie est simple : répéter des mantras d'autosuggestion et pratiquer des exercices de visualisation – « Formulez et gravez de manière indélébile dans votre esprit une image mentale de vous-même en train de réussir », suggérait-il, afin d'« obtenir pour de vrai une vie plus heureuse et épanouie ». Immédiatement critiqué par les experts en santé mentale pour son manque total de fiabilité,*

1. Sergio Laubary, *Napoleon Hill – Les clés secrètes du succès*, YouTube, 15 octobre 2022.

ce livre devient pourtant un best-seller rivalisant avec la Bible[1].

La biographe de Donald Trump, Gwenda Blair, révèle l'influence déterminante de Peale sur le président américain. Sa famille fréquentait assidûment l'église du pasteur Peale, imprégnant le jeune Donald de cette théologie du succès et de la pensée positive. Cette empreinte explique sa rhétorique présidentielle, son refus d'admettre l'échec et sa capacité à nier toute réalité contraire à ses convictions. Dans un article publié dans Politico[2], *Gwenda Blair disait même qu'il était indispensable pour « comprendre ce qui se passe sous la chevelure blonde [de Donald Trump] » d'avoir connaissance du livre de Peale,* La Puissance de la pensée positive.

Des compléments alimentaires aux empires du coaching

Dans les années 1950, des disciples de Napoleon Hill, J. B. Jones et John Earl Shoaff, incarnent une nouvelle hybridation : ils sont à

1. « How a self-help guru made Donald Trump successful », *The Economic Times*, 25 janvier 2024.

2. Gwenda Blair, « How Norman Vincent Peale Taught Donald Trump to Worship Himself », *Politico*, 26 octobre 2015.

la fois « conférenciers en motivation » et entrepreneurs dans ce qu'on appelle aujourd'hui le marketing de réseau. Leur société Abundavita vend moins des compléments alimentaires qu'un rêve : celui de recruter d'autres vendeurs, dans une cascade de commissions potentiellement infinies – schéma pyramidal déguisé en opportunités d'affaires.

Ainsi sont nés des empires et des dynasties. Dans la liste qui suit, chaque homme fait partie des plus riches de sa génération. J.B. Jones a donc formé un certain John Earl Shoaff. Les deux ont transmis leurs astuces et techniques à Jim Rohn, qui a reproduit fidèlement le modèle de ses mentors et développé en parallèle un filon en or : les conférences de motivation destinées aux entreprises. Jim Rohn formera à son tour Tony Robbins, considéré aujourd'hui comme le coach de tous les coachs. C'est LA *figure tutélaire de l'industrie contemporaine du développement personnel. Ce dernier a transformé les techniques de vente de ses mentors en shows spectaculaires. Pendant ses conférences qui s'étendent sur plusieurs jours, les participants sont soumis à des états émotionnels extrêmes : privation de sommeil, alternance de chaud et de froid, danses frénétiques, hurlements collectifs, musiques puissantes… Ces séances d'euphorie culminent invariablement par la vente de programmes de coaching à plusieurs milliers ou dizaines de milliers de dollars. Rencontrer Robbins est, pour beaucoup de coachs contemporains, l'équivalent d'une audience papale.*

Ce n'est pas tout. Rohn forme aussi Mark R. Hughes, fondateur d'Herbalife International, une entreprise de vente de compléments alimentaires via le marketing de réseau. Celle-ci est encore aujourd'hui une multinationale superpuissante, qui a noué des liens avec des stars allant de Cristiano Ronaldo à la Fédération française de volley-ball en passant par l'Ajax Amsterdam. Elle a aussi une face sombre, et ses pratiques sont régulièrement mises en cause[1]*. De Hill à Robbins en passant par Shoaff et Rohn, se dessine une lignée de vendeurs d'espoir, sous forme de gélules comme sous forme de mots. Les coachs d'aujourd'hui puisent largement dans cet héritage.*

1. La Miviludes m'a indiqué avoir reçu plus de vingt saisines au sujet d'Herbalife en 2022 et en 2023, notamment de personnes s'inquiétant pour leurs proches ayant rejoint cette structure. Herbalife s'est toujours défendu de toute pratique de type sectaire.

VI

Souriez, vous êtes coachés

Prêcher l'amour depuis un paradis fiscal

Je remplissais ma note de frais machinalement, quand ça m'a sauté aux yeux. *Edinburgh*. Sur la facture de ma formation « Writing from the heart », l'entreprise de ma coach est domiciliée en Écosse. Curieux. Anne-Claire évoque avec fierté sa vie et sa villa balinaise – quatre chambres, vue mer, achetée comptant avec les fruits de son travail. Pourquoi ce siège fiscal écossais ? Je tape l'adresse de l'entreprise dans Google. Plusieurs autres boîtes semblent domiciliées dans le même bâtiment, dont celle d'une coach ainsi que celle d'une « formatrice de coachs et entrepreneurs de la Nouvelle Terre » qui ont toutes deux été coachées par Anne-Claire[1].

1. Profitons-en pour constater qu'Anne-Claire est coach de coach de coach, puisqu'elle a coaché une coach qui forme des coachs.

Entre ma coach et moi, un gouffre idéologique

Une adresse partagée par tant d'entreprises ne peut être qu'une domiciliation. Rien d'illégal. Toutes arborent le même préfixe « SL » – Scottish Limited. Or plusieurs sites proposent aux entrepreneurs du web de créer une boîte de ce type en Écosse avec ce genre d'arguments : « L'intérêt de créer une société offshore en Écosse est avant tout d'ordre fiscal. Si la société [...] exerce son activité en dehors de l'Écosse, elle n'est soumise à aucun impôt sur les sociétés au Royaume-Uni[1]. » Conclusion : mon argent versé au nom du développement du cœur est parti dans un paradis fiscal[2].

Nous voilà face à des gens qui « travaillent depuis l'espace du cœur », qui parlent inlassablement de bienveillance, de communauté et d'énergie positive, et qui, simultanément, affichent avec fierté leur volonté d'échapper à l'impôt, contournant ainsi les systèmes collectifs de solidarité. D'une main, ils dessinent des cercles de partage ; de l'autre, ils signent des montages d'optimisation

1. « Création d'une société en Écosse, quid des avantages ? » ICD-Fiduciaries.com.

2. Quelques mois plus tard, en février 2025, Anne-Claire proposera à ses influencés une formation appelée « Comment j'ai récupéré ma souveraineté financière », promettant d'apprendre à « Structurer [ses] finances hors TVA et hors taxes avec des contacts et des stratégies éprouvées ».

fiscale. Dans un podcast diffusé mi-octobre 2024, ma coach invite un consultant et investisseur appelé Gabriel Schiano dont le cabinet de consulting s'appelle le « Cabinet Cœur ». Je scrolle sur son site, je vois qu'il s'y affiche pieds nus. Au micro, il défend un libertarisme radical : « Très vite, j'ai eu la conscience [sic] qu'il y allait avoir des impôts à payer rapidement quand on rentre dans la vie active. Et ce n'est pas quelque chose qui me semblait normal. » Ou même : « Ce qui m'a drivé dès le début, c'est de ne rien perdre en impôts et taxes »[1].

La spiritualité au service du profit

« Merci pour ça », lui répond ma coach, avant de développer à son tour un argumentaire antifiscal teinté de conspirationnisme vaccinal : « Pour moi, il a fallu qu'il y ait la goutte d'eau qui fasse déborder le vase. Quand le Covid est arrivé et que j'ai vu tous ces millions de doses de vaccin achetés avec nos impôts [...]. Je me suis dit : "Non mais

1. Anne-Claire Meret, « Survivalisme financier avec Gabriel Schiano », YouTube, 21 octobre 2024, https://www.youtube.com/watch?v=5feLDxjAECM. Gabriel Schiano a répondu par mail à mes questions concernant la contradiction apparente entre le fait de travailler pour « le cœur » et refuser la solidarité fiscale. Il n'a pas souhaité que ses réponses apparaissent dans mon texte.

attends là c'est pas possible en fait [...] je ne peux pas les regarder faire [...] alors que je peux me retirer. [...] J'ai vraiment senti que je pouvais me laisser pousser des ailes à partir du moment où je n'étais plus assujettie au régime français. »

La pensée positive qu'elle défend sert ainsi de justification à un rejet radical des systèmes collectifs de solidarité. Pour attirer le positif, pense positif et surtout ne pense qu'à ta gueule. Le gouffre entre mes attentes et la réalité se creuse davantage au fil des semaines. Plongé dans ses podcasts, newsletters et publications sociales, je deviens le témoin d'une dérive idéologique. Tout en continuant à marteler ses mantras de bienveillance et de liberté, Anne-Claire célèbre l'élection de Donald Trump, diffuse les théories complotistes du secrétaire à la Santé Robert Kennedy Jr. Elle tiendra des propos à mes yeux d'inspiration transphobes (elle estime que les personnes trans « imposent aux autres une façon d'être vues » et que nos société « encouragent la confusion des genres »), climatosceptiques (« la Terre a ses propres cycles de réchauffement et de refroidissement [...] les gouvernements jouent à modifier le temps à leur guise et créer des catastrophes naturelles »), et hostiles aux médias (« les médias ou devrais-je dire les merdias »)[1]. Elle proclamera sans ambages :

1. YouTube, novembre 2024.

« À mes côtés je ne veux que des théoriciens du complot[1] », et mettra même en garde contre les rapports sexuels avec quiconque aurait partagé l'intimité d'une personne vaccinée, vectrice supposée de toxicité contagieuse. La coach que j'ai choisie pour ses valeurs supposées proches des miennes s'avère être à l'exact opposé de ce que j'imaginais.

Ma coach est loin d'être la seule à s'embarquer dans cette dérive qui mène, dans le milieu du coaching et de la spiritualité, vers un soutien à des figures politiques autoritaires. Les sociologues David Ward et Charlotte Voas ont forgé en 2011 la notion de conspiritualité, contraction des mots *conspiracy* et *spirituality*, pour décrire ces ponts de plus en plus nombreux entre milieux spirituels New Age et théories du complot réactionnaires. Leur point de convergence ? Dans le New Age comme dans la théorie du complot, on estime que rien n'arrive par hasard et que tout est déjà écrit[2].

Je repense à la personne qui s'est comportée de la façon la plus libérale et brutale avec moi dans le cadre de mon travail. Je l'avais rencontrée lors d'un séminaire d'entreprise au mois de septembre 2023, séminaire qu'elle codirigeait puisqu'elle venait de prendre la tête de l'entreprise avec laquelle je tra-

1. YouTube, mai 2024.
2. Le podcast *Conspirituality* décrit bien le phénomène.

vaillais depuis plusieurs années. Très impliquée dans le milieu du bien-être et du développement personnel, elle disait souhaiter un monde plus respectueux et écologique. Lors de ce séminaire, tout le monde a été invité à faire du yoga puis à méditer. Cette personne joindra les mains en souriant dans un geste que je perçois comme une salutation de type « Namasté ». Je la croyais bienveillante, forcément.

Elle m'écrira quelques semaines plus tard et en quelques lignes à peine pour mettre un terme à un projet qui me tenait à cœur et que j'avais quasiment terminé : « Concernant ton projet, [...] nous avons décidé de ne pas le poursuivre. Cela te libère de tes engagements. » Elle ne pouvait pas savoir que son mail m'arriverait à une période qu'on pourrait aisément qualifier de pire moment de ma vie, éprouvé par une rupture amoureuse et le décès d'une personne qui m'était très chère. Cette cheffe ne pouvait pas le savoir, puisque rien ne l'obligeait en tant que supérieure hiérarchique à me passer un coup de fil, à prendre de mes nouvelles ou à mettre les formes pour mettre fin à mes activités.

Positivité toxique

Cette brutalité managériale, enrobée de signes empruntés à la spiritualité, reflète je crois le même abîme que celui séparant le discours bienveillant de ma coach et ses positions ultralibérales. Le même abîme que dans le discours du coach imposé à Michel : tout en invalidant ses souffrances, il lui proposait « une bière au café du coin » – simulacre de relation égalitaire masquant un rapport de domination implacable et visant à gommer la violence d'une analyse psychologique aux conclusions dévastatrices. La sociologue Valérie Brunel décrit bien comment, dans le coaching, l'apparence de bienveillance peut être utilisée pour faire accepter l'inacceptable. Elle cite le cas d'une entreprise où chaque salarié·e « court le risque d'être licencié·e tous les six mois » à cause du système – illégal en France mais utilisé dans de nombreuses boîtes – dit du « *up or out* » (les salarié·es, sans cesse évalué·es, sont invité·es voire poussé·es à partir s'iels arrêtent de progresser). Sauf que la violence de ce système est déniée et même légitimée au nom de l'idéologie collective de la réussite, via des entretiens pendant lesquels l'« évaluateur·rice final·e » est « perçu·e comme un·e coach au service du développement du potentiel de l'individu ». La sociologue conclut : « Plus le coach et son protégé jouent leur rôle en toute ouverture et en toute franchise, plus ils occultent les rapports de pouvoir qui fondent leur relation, et plus le pouvoir qui s'exerce sur l'individu est intériorisé et renforcé[1]. »

1. Dans son livre *Les Managers de l'âme. Le développement personnel en entreprise, nouvelle pratique de pouvoir ?* elle décrit :

Il y a quelque chose de profondément révélateur dans ce fossé entre ces méthodes aux apparences douces et les projets de domination parfois brutale qu'ils servent. D'autres ont identifié avant moi ce fossé. La philosophe et professeure de yoga Jeanne Burgart-Goutal l'a décrit dans le yoga contemporain qui, derrière ses discours empathiques, s'est mué par endroits en cheval de Troie des valeurs néolibérales : souvent les pratiquants et pratiquantes du yoga qu'elle a rencontrés « sont des personnes qui parlent compassion et ouverture du cœur, mais qui ne vont pas dire bonjour au début, pas dire au revoir à la fin, et retourner bosser dans leur boîte, chez Total[1] ».

Bien sûr, toute cette industrie ne se réduit pas à ces nuisances. On peut y trouver son compte. Dans son livre consacré au yoga[2] et à sa propre dépression, le romancier Emmanuel Carrère dédie beaucoup de pages au développement personnel. Il évoque cette amie journaliste travaillant pour un magazine de développement personnel qui « diffuse une vision positive de la vie selon laquelle la pire tuile est en réalité une excellente chose :

« Le développement personnel n'est valorisé dans l'entreprise que parce que l'on considère qu'il s'agit du moyen le plus efficace de mobiliser l'individu contemporain vers les objectifs de l'entreprise. »

1. Extrait du podcast *La Vie en yogi*, cité dans *Yoga, le nouvel esprit du capitalisme*, p. 281.

2. Emmanuel Carrère, *Yoga*, P.O.L, 2020.

une occasion d'avancer et de devenir meilleur ». La description de l'écrivain est volontairement moqueuse, mais il dit aimer la façon dont son amie « voit bien ce que cette vulgate a de caricatural » « mais pense que la vision du monde qui la sous-tend est juste ». Selon lui, cela fait d'elle une amie « précieuse » puisque, « dans les mauvaises passes », « elle écoute, elle trouve toujours à dire quelque chose de juste ». Carrère nous rappelle que le yoga, le développement personnel et leurs présupposés spirituels peuvent être des bouées de sauvetage.

En revanche, ils peuvent aussi nous mettre la tête sous l'eau. Mathilde, cadre chez L'Oréal, une entreprise imprégnée des méthodes et de l'idéologie du coaching, a vécu les contradictions du bien-être en entreprise dans sa chair. D'abord séduite par les initiatives « bien-être au travail » promues par des coachs et managers, elle s'y est investie avec la grande énergie qui la caractérise. Mais ces séances de méditation et groupes de parole se sont révélés être en totale dissonance avec ce qu'elle décrit de sa réalité quotidienne – trop de missions, pas assez de temps, des collègues en burn-out.

Le jour où je l'interviewe, cette amie est en arrêt maladie. Son premier burn-out. Elle bouge à peine de son canapé. Si elle n'a jamais été coachée directement, elle fait partie à mes yeux de la longue liste de celles et ceux qui souffrent de la collision entre l'idéologie du coaching – l'individu a en soi-même les ressources pour résoudre ses problèmes – et la réalité du monde du travail – les entreprises visent à faire du profit et pas à prendre soin des individus. La recherche le confirme. En 2019, une étude menée[1] par l'université d'Oxford tentait de savoir si les salariés qui déclaraient un fort taux de stress se sentaient mieux après avoir participé à des activités comme du coaching, des ateliers de gestion du stress ou des cours de relaxation. Réponse : non. Si ces outils ont des effets positifs, ces derniers ne sont pas mesurables. C'est même parfois l'inverse : ils peuvent renforcer le stress chez certaines personnes. Ce ne sont pas les seules réserves à adresser aux techniques chéries par les coachs et leur monde. Dans le livre *The Buddah Pill*, les psychologues Miguel Farias et Catherine Wikholm[2] alertent sur les conséquences délétères potentielles de la pratique de la méditation, de la pleine conscience et même du yoga, qui ne sont pas bénéfiques à tout le monde et peuvent

1. « Employee well-being outcomes from individual-level mental health interventions: Cross-sectional evidence from the United Kingdom », s'appuyant sur les réponses de plus de 46 000 personnes aux enquêtes *Britain's Healthiest Workplace* de 2017 et 2018, *The New York Times*, 15 janvier 2024.

2. Ils ont aussi publié l'étude « What is mindfulness-based therapy good for ? », *The Lancet Psychiatry*, vol. 3, n° 11, novembre 2016, p. 1012-1013.

causer des troubles psychologiques graves dont la dépression et l'angoisse.

Les effets délétères du bien-être

Plusieurs travaux ont montré que non seulement la pensée positive manque de véracité scientifique, mais qu'elle est en plus utilisée comme une injonction culpabilisatrice. On peut penser aux travaux[1] de la militante féministe Barbara Ehrenreich, qui a enquêté sur la pensée positive peu après avoir été diagnostiquée d'un cancer du sein. Dérangée par les injonctions répétées à adopter une attitude positive pour mieux faire face à l'épreuve, elle a œuvré à démontrer que les bases scientifiques de cette idéologie sont plus que contestables.

Non, montre-t-elle, la pensée positive n'a aucun effet démontré sur le taux de survie des malades du cancer du sein. En revanche, cette prescription de sourires face à la maladie fait peser sur elles une charge mentale supplémentaire. La militante a aussi cherché à mieux comprendre les ressorts de ces croyances et de l'industrie qui les soutient, non pas pour que chacun·e voie la vie de façon négative,

1. Barbara Ehrenreich, *Smile or Die: How Positive Thinking Fooled America and the World*, présenté dans « Smile or Die », *The Guardian*, 10 janvier 2010.

mais pour éviter que l'autocontrôle permanent de nos actes et de nos pensées que recommandent certains mouvements de pensée positive n'en viennent à frôler l'autosabotage ou l'autodétestation.

Mais alors, pourquoi continue-t-on à coacher, à méditer ou à faire du yoga en entreprise ? D'abord, parce que l'autocontrôle des travailleurs est l'une des caractéristiques du management contemporain. Le chercheur en sciences humaines Thibault Le Texier[1] a montré que les textes fondateurs du management contemporain sont très parlants en la matière[2] et induisent que les employés sont petit à petit enjoints à devenir les « managers d'eux-mêmes ».

Une deuxième raison au recours à ces pratiques, m'explique Thibault Le Texier, est qu'elles constituent un contrepoint nécessaire à l'hyperrationalité du monde professionnel : « Ces formations et ces coachings sont des détentes, des respirations, elles doivent casser le rythme du quotidien. Les gens pourraient aller au zoo, si ça permettait que les gens se connaissent, parlent, sourient, ça fonctionnerait

1. Thibault Le Texier, « Le management de soi », *Le Débat*, n° 183, 2015, p. 75-86.

2. Dont les textes de Peter Drucker, surnommé régulièrement le « père du management moderne ». Dans le livre *The Practice of Management* (Harper and Brothers, 1954), Drucker vante en particulier les mérites de l'« autocontrôle » des employés, qui accroîtrait leur motivation et serait « plus strict, plus exigeant et plus efficace » que le contrôle direct par les managers.

aussi ». Et si les offres de coaching ressemblent parfois à une course à la bizarrerie, c'est parce qu'« il faut penser le coaching comme un marché » : « Les coachs sont nombreux, ils doivent se distinguer. Les responsables RH, eux, veulent plaire aux équipes, trouver des formations qui vont intéresser les gens et les marquer. Si le coach est totalement New Age mais qu'il est sympa, dynamique, et que tout le monde passe un bon moment, alors les RH ont rempli leur mission. » L'historien et sociologue des religions Damien Karbovnik va plus loin : « Pour moi, ce sont des rites. On accomplit des actes pour donner un sens et des réponses symboliques à des problèmes existentiels – qui, dans le management, consistent à trouver des façons de travailler ensemble. » Le rite, précise-t-il, « soude le groupe et constitue une communauté ». Mais gare à ceux qui n'y adhèrent pas : « L'activité bien-être peut alors renforcer leur mal-être. »

Les rites et le coaching d'Anne-Claire opèrent-ils sur ses apprenties écrivaines ? Pour en mesurer l'efficacité chez les autres participantes, je tends quelques perches sur Facebook. Je publie par exemple le message suivant, écrit avec l'aide d'une intelligence artificielle : « Bonjour à toutes et à tous, j'ai terminé le programme et je me lance maintenant dans l'écriture. Pas facile de démarrer le chemin face à une montagne. Je me demandais où vous en êtes, vous les autres participants et participantes à ce programme de coaching. Est-ce que cela vous a aidés à casser les blocages et chasser vos craintes ? N'hésitez pas à partager avec moi, je pense que ça peut me donner de la force et m'aider à visualiser le chemin jusqu'à la sortie de mon livre. »

Une cliente de ma coach m'écrit en public qu'elle a dû « mettre entre parenthèses pour le moment le projet ». Une autre cliente, Olga, m'écrit en privé : « Bonjour Thibaut, j'ai suivi la formation "Writing from the heart" et j'avoue que je suis déçue. Elle ne m'a pas apporté ce que j'espérais. [...] Au plaisir d'échanger avec vous ? » Elle en est à sa « sixième ou septième coach » et dit observer toujours le même schéma : « Ils prennent le fric, donnent leur coaching de groupe et s'en fichent si on laisse tomber. » Quand je lui demande pourquoi elle persiste malgré ces déceptions en chaîne, sa réponse mêle lucidité et autodérision : « Parce que je crois que l'humain est bon / ou je suis complètement naïve. » Olga me dira plus tard que son livre n'a pas avancé, qu'elle en veut à la coach de ne se rendre selon elle sur notre groupe Facebook que pour « nous vendre sa retraite à Bali ».

Effectivement, Anne-Claire aime vendre. Quelque temps après ma formation, mi-juillet 2024, elle m'a envoyé un premier mail commercial type. Elle y écrivait : « L'été est enfin là, et c'est le moment idéal pour investir en vous-même », accompagnant ce texte de deux émojis soleil souriant. Les sollicitations s'enchaînent : trois miniprogrammes entre 114 et 169 euros, une formation pour « débloquer sa vie amoureuse » à 1 499 euros, et l'incontournable retraite d'écriture à Bali à plusieurs milliers d'euros. Un « appel de clarté » était prévu pour les postulant·es. Comprendre : une visio avant signature de contrat. Je tente ma chance, décrivant honnêtement ma situation financière bancale. Mon projet : ne pas mentir, toujours pas, mais me faire connaître en espérant pouvoir négocier une visio pas trop chère avec Anne-Claire. Voici mon mail :

> J'aimerais venir à Bali, quel rêve ! Mais je crois que pour moi c'est justement un rêve. Et un rêve n'est pas réel. Je ne vois pas comment financer cette retraite. Ou alors il faudrait emprunter et rembourser chaque mois pendant plusieurs années... Est-ce vraiment stratégique ? N'est-ce pas prendre le risque de me tirer une balle dans le pied financièrement ?

La réponse de son assistante me réjouit par sa probité : « Il ne serait pas approprié de te conseiller de t'engager financièrement au-delà de tes moyens actuels. » À ce moment – ça ne durera pas – je commence à me faire à l'idée qu'il faudra tirer un trait définitif sur la possibilité d'être coaché par Anne-Claire.

« Il y a seulement quelques places »

En septembre 2024, un mail relance l'offensive commerciale, avec un argument massue : la mort. « Je me demandais ce que j'allais vous raconter. Et puis j'ai appris récemment qu'un ami avait quitté cette terre, écrit Anne-Claire. C'est intéressant comme on se rappelle brusquement qu'il n'y a plus le temps d'attendre pour oser avancer vers ce qui est vraiment important pour nous. [...] Si vous avez envie d'être accompagné·e pour oser mettre au monde vos ouvrages, je serai ravie de vous y aider. [...] Et je vous rappelle que le **tarif super early bird** pour ma retraite d'écriture à Bali **prend fin dans quelques jours.** »

Cette proposition est suivie d'une autre, envoyée trois jours plus tard, qui me redonne espoir : « *I'm back.* » Anne-Claire annonce qu'après deux ans d'interruption, elle vend désormais des « places de coaching-mentorat VIP » incluant six séances individuelles et un « suivi quotidien sur WhatsApp pendant trois mois ». La promesse est limpide : « Me choisir vous permettra de ne plus reculer et de faire face à vos grands désirs ». L'avertissement, aussi : « Il y a seulement quelques places. »

Je suis ravi et déterminé à saisir ma chance. Dès ma lecture de ce message, je tente d'écrire mon plus beau mail de motivation – sans mentir, toujours – avec un outil d'intelligence artificielle à qui je demande d'adopter le vocabulaire du développement personnel. Voici ma réponse :

> Chère Anne-Claire,
> Ton message arrive, encore, dans une formidable synchronicité ! Je suis Thibaut, j'ai suivi ton coaching Writing from the heart et je travaille actuellement sur l'écriture de mon livre. Ta proposition de coaching-mentorat VIP sur 3 mois résonne parfaitement avec mon besoin actuel.
> Je suis en effet à un tournant crucial de mon projet : j'ai une deadline fin décembre pour terminer mon manuscrit, mais je sens que j'ai besoin d'un accompagnement pour franchir cette dernière étape. Tes mots sur le fait de « ne plus reculer et faire face à mes grands désirs » m'ont profondément touché, car c'est exactement ce dont j'ai besoin en ce moment. J'ai encore du mal à me visualiser en train d'écrire les dernières lignes de mon livre, il faut probablement que je fasse « naître » cette personne que je veux devenir. J'ai besoin de quelqu'un qui puisse me guider, me pousser hors de ma zone de confort, et m'aider à libérer mon plein potentiel créatif. Je suis convaincu que ton approche holistique, combinant coaching individuel et conseils issus de ton expérience, serait la clé pour débloquer ma créativité et finaliser mon livre dans les temps.

> Je suis prêt à m'investir pleinement dans ce processus de transformation. Ta formule avec suivi quotidien sur WhatsApp – ça fait rêver, en comparaison du sentiment de solitude que je ressens parfois aujourd'hui dans mon travail !! – me semble idéale pour maintenir la motivation et la constance dont j'ai besoin.
> Je suis impatient d'explorer cette opportunité, que j'aimerais d'ailleurs pouvoir démarrer assez rapidement si possible.
> Dans l'attente de ton retour,
>
> Thibaut

Ma motivation est réelle. Mon portefeuille, lui, tremble d'avance. Combien pour ce saint Graal du coaching ? Je vous pose la question : à quel prix estimez-vous six séances individuelles et un « suivi quotidien sur WhatsApp » ? Je soumets l'énigme à un panel d'amis : leurs estimations les plus audacieuses atteignent la moitié du véritable tarif. Le développement de l'espace cœur a son prix. Et celui-ci dépasse probablement toutes vos projections.

VII

Le nouveau coût de ma coach est un nouveau coup dur

Devenir mentors, devenir menteurs

22 000 euros. 22 000 euros. 22 000 EUROS !! Je dois lire plusieurs fois la réponse de Geneviève pour être sûr d'avoir bien compris :

> Bonjour Thibaut, Merci pour ton intérêt pour le coaching 1:1 avec Anne-Claire. Pour l'accompagnement en ligne, les frais sont de 22 000 €. Si ce tarif te convient et si ce n'est pas déjà fait, je t'invite d'abord à remplir le formulaire de candidature : –).

Six visioconférences et des messages WhatsApp pour le prix d'une voiture neuve. Qui peut se permettre un tel luxe ? Pas seulement les riches, comme on pourrait le penser. Les témoignages que j'ai recueillis auprès d'anciens clients de ce genre de prestations démesurées révèlent un profil bien plus inquiétant : des personnes ordinaires, souvent précaires, qui n'achètent pas un service mais un mirage – devenir, un jour, aussi prospères que leurs mentors.

Le smiley final du message est d'une grande politesse, mais il ne suffit pas à m'ôter l'impression d'être un pigeon. Je vais continuer à tenter ma chance et remplir le formulaire de candidature, comme me le suggère Geneviève. Si ma lettre de motivation plaît, je jouerai cartes sur table et demanderai un rabais. Mais je commence à accepter que je ne bénéficierai sûrement pas d'un coaching perso. Je me console en me disant que c'est de plus en plus souvent ça, le coaching. Un écosystème d'entonnoirs commerciaux parfaitement huilés : vidéos gratuites pour attirer une large communauté, formations collectives pour fidéliser, et coaching individuel à des prix délirants pour entretenir le mythe et renflouer les caisses.

« Une manipulation mentale évidente »

Pour en savoir plus sur ce système, je remonte la piste d'un lien glissé dans une newsletter de septembre 2024. Anne-Claire y vante un programme anglophone sur la prospérité financière : « Avant d'être financièrement prospère sur mon compte en banque, j'ai dû tomber en amour avec le chemin pour créer l'abondance », et décrit le contenu de ce programme en listant des infos « sur les cryptos » aussi bien que sur « l'énergétique de l'argent » ou sur « les rituels et autels de l'argent ».

Encore cette liturgie moderne où il n'y a de dieu que le profit et dont les coachs sont les prophètes. Je sens qu'il faut me pencher sur ces formations et programmes. Je fouille et constate qu'Anne-Claire contribue à un programme de conférences, cette fois francophones, proposant d'« activer l'ADN de l'argent irrésistible ».

Dans la liste des conférenciers, je reconnais le nom de Jean-Luc De Wachter. Retenez-bien son nom, on en parlera à plusieurs reprises dans les chapitres qui viennent. Mais je reconnais surtout celui de Luc Bodin. Dans une enquête que j'avais publiée pour lesjours.fr en 2022[1], je révélais que cet homme avait fait l'objet de vingt-quatre signalements à la Miviludes. L'organisme, connu pour sa mesure, tirait à boulets rouges sur ce professionnel très controversé : « Il fait la promotion du décodage biologique inventé par Ryke Geerd Hamer, un médecin allemand condamné en 2004 à trois années de prison par la cour d'appel de Chambéry pour escroquerie et complicité d'exercice illégal

1. Thibaut Schepman, « Charlatans Éditions présentent... », *Les Jours*, 6 juin 2022.

de la médecine. […] Ce type de discours procède d'une manipulation mentale évidente. »

Luc Bodin a proposé, notamment dans des vidéos YouTube, des pseudo-traitements à base de plantes et assuré que plusieurs substances nocives sont volontairement ajoutées dans les vaccins. Dans son *Manuel de (sur)vie* mis en ligne fin 2020, il délivre une lecture à la fois conspirationniste et apocalyptique du monde contemporain et assure que les êtres humains sont dominés par des « puissances obscures » qui « viennent maintenant facilement sur Terre pour se nourrir des énergies de souffrance […] et n'hésitent pas […] à générer des guerres, des révolutions, des attentats… mais aussi des violences, des viols ».

Lui non plus n'hésite pas à blâmer les victimes. Par exemple, il dit à propos d'une femme victime de plusieurs hommes violents : « Tous ces hommes, bien sûr, sont fautifs […]. D'un autre côté, cette femme a quelque chose à comprendre. Il y a quelque chose dans sa manière de penser qui attire à elle des situations comme ça. »

L'influence de Luc Bodin est énorme, je révélais dans mon enquête que ses théories ont été reprises dans de nombreux médias et même, sans le vouloir, par l'acteur Guillaume Canet[1].

1. Luc Bodin intervient dans de nombreux salons et même dans des médias, notamment dans des émissions « bien-être », sur RTL

L'Ordre des médecins avait alerté « la direction générale de la santé, la Miviludes et un service de police judiciaire de lutte contre les atteintes à la santé publique » à son sujet. À tel point que Bodin avait fini par demander sa propre radiation. Le président de la section Santé publique du Conseil national de l'Ordre des médecins m'expliquait que « demander adroitement sa radiation pour ne pas prendre le risque d'être radié pour des raisons disciplinaires, c'est un bon moyen d'échapper à la patrouille ». Il reste que pour sa part, Luc Bodin[1] n'a jamais été condamné ou sanctionné.

---

avec Flavie Flament ou sur C8, où il se fait un plaisir de dérouler ses contre-vérités scientifiques. (Il recommande notamment de parler à un verre d'eau afin que celui-ci se « charge de nos problèmes ». Tous les soucis disparaîtront une fois le contenu du verre jeté aux toilettes.) Guillaume Canet a évoqué confusément la vibration de la Terre dans plusieurs interviews en s'appuyant manifestement sur le « taux vibratoire » de Luc Bodin. Contacté, l'acteur et réalisateur conteste tout lien avec celui-ci, dont il dit très mal connaître le travail. Lui qui a par ailleurs affirmé que « les maladies sont souvent des blocages énergétiques » m'a rapidement détaillé son cheminement sur la question : « J'avais entendu parler du taux vibratoire de la Terre lors d'une discussion. Je suis très sensible aux énergies, aux vibrations, donc ça m'a touché. Et j'en ai reparlé ensuite lors d'une interview. Ça s'arrête là, je n'ai pas envie d'être associé à ce sujet. » L'acteur estime s'être trompé d'unité de mesure lors de ces interviews : il a mentionné les hertz mais aurait préféré citer les bovis, une unité pseudo-scientifique qui se mesure à l'aide d'un pendule.

1. Contacté pour cette enquête, Luc Bodin n'a pas souhaité répondre à nos questions.

Je deviens influenceur à mon tour

Je décide d'infiltrer ce système de l'intérieur. Si ce business prospère, c'est qu'il repose sur un réseau tentaculaire d'influenceurs en recrutant d'autres, chacun touchant une commission sur les ventes générées. Je peux donc suivre le chemin d'Anne-Claire, de Luc Bodin et des autres. En quelques clics depuis le site du programme de conférences, me voilà devenu maillon de cette chaîne : j'obtiens mon propre lien d'affiliation à l'événement « Argent Irrésistible ». Ce simple geste me donne accès aux coulisses de la machine. Je reçois instantanément tout l'arsenal marketing préfabriqué, dont des visuels promotionnels où les visages rayonnants d'Anne-Claire et de Luc Bodin côtoient des slogans comme « Les secrets des millionnaires pour attirer l'abondance financière sans effort » ou « Comment acquérir l'état d'esprit millionnaire, peu importe ton point de départ ». Je n'ai ni communauté ni abonnés à convertir, mais je dispose maintenant des mêmes armes que celleux dont c'est le métier. Le plus édifiant reste les modèles d'e-mails prérédigés qu'on m'invite à envoyer à mes « cibles » – terme révélateur en soi. L'un d'eux, intitulé « Ta nouvelle réalité : Argent Irrésistible », débute ainsi :

Bonjour [Prénom du destinataire],
Petite question :
Comment serait ta vie si l'argent coulait à flots ?
J'ai une nouvelle extraordinaire à partager avec toi.
Comme tu le sais, récemment, j'ai eu le privilège de participer à **une co-création inspirante** : **Argent Irrésistible.**
Dans cette vidéo gratuite de 10 min, nos chers amis vont te présenter les outils et les secrets pour **activer une prospérité illimitée dans ta vie.**

Ce langage calibré au millimètre – entre complicité feinte (« Petite question »), promesse démesurée (« prospérité illimitée ») et apparente sincérité (« j'ai eu le privilège ») – trahit une mécanique de persuasion industrialisée. Une industrie construite pour vous faire sortir la CB. J'apprends aussi que « si mes cibles décident d'acheter le programme Argent Irrésistible, je recevrai une commission de 50 % ». Il y a donc une catégorie de gens que cette conférence sur « l'argent irrésistible » fait accéder à des revenus à coup sûr : ceux qui arrivent à la vendre à leur communauté. Anne-Claire, naturellement, se garde bien de mentionner cette commission substantielle à ses influencé·es. Sur ses réseaux, elle se contente d'évoquer « un événement magnifique » auquel elle a « la joie de participer » et qu'elle recommande « si ça vibre pour vous ».

Cette plongée dans le business des coachs me permet de découvrir un nouvel aspect de leurs finances. Le coaching n'est pas forcément le cœur de leurs revenus. Un point largement confirmé par plusieurs de mes sources : un·e coach vit rarement du coaching. Marie-Hélène Dini, coach de renom et à la déontologie remarquée, m'a confirmé qu'elle a fondé sa propre école de coaching pour ces raisons : « Mon métier, c'est l'accompagnement. Mais c'est compliqué de vivre seulement de ça. Avec mon associée, on a donc fondé l'une des premières écoles en la matière. » André, coach depuis vingt ans et qui a eu pour clients les plus grandes entreprises françaises, est aujourd'hui dégoûté par les pratiques de certains coachs et veut en dévoiler les côtés sombres. Il tient le même raisonnement avec des mots plus durs pour sa corporation : « Les coachs qui gagnent bien leur vie sont ceux qui vendent des formations, souvent coûteuses. Leur cible, c'est un cadre viré ou au placard qui a fait un bilan de compétences ou un coaching ou veut devenir coach à son tour. » Le système se nourrit de lui-même, les anciens clients devenant formateurs. En effet, bien des coachs exercent après un burn-out ou une mise au placard.

Cette spirale a longtemps été financée avec de l'argent public. C'est plus compliqué aujourd'hui puisque le CPF (compte personnel de formation) n'est en théorie pas mobilisable pour le coaching et des formations en coaching. À moins de gruger un peu. Dans son article « Comment les coachs individualisent les maux du travail », la sociologue Anne Jourdain a décrypté l'une des formes possibles de ces truanderies : « Certaines entreprises tentent de faire financer leurs séances de coaching par le CPF en les déguisant en séances de formation ou de bilan de compétences » alors même que « le coaching n'est normalement pas éligible à la certification Qualiopi qui définit les activités finançables par le CPF ». Son étude portant sur 800 professionnels révèle que la moitié des coachs sont également formateurs. Leurs formations « courtes », « orientées vers les soft skills (confiance en soi, rapport à l'argent, personal branding...) » et « finalement très proches du coaching » permettent d'opérer ce glissement stratégique. L'entreprise et le ou la coach sont gagnant·es : la première externalise le coût des coachings en puisant dans le compte formation des salariés plutôt que dans ses fonds propres, tandis que le ou la second·e accède à la manne considérable de la formation professionnelle.

Le business d'Anne-Claire possède bien d'autres ramifications. Depuis l'automne 2024, ses newsletters et podcasts font la promotion d'un projet d'investissement porté par un certain Thomas, expatrié comme elle à Bali. Ce dernier invite sa communauté dans une aventure entrepreneuriale

« magnifique » visant selon lui à recycler le plastique.

Miracles ou mirages verts ?

Il se trouve que je connais aussi cet influenceur qui se présente comme coach en « technologies de bien-être », en « liberté financière » et en « marketing de réseau dédié aux entrepreneurs conscients ». Lors d'une précédente enquête sur le marketing de réseau dans l'univers du bien-être, j'avais échangé avec lui sous pseudonyme. Il avait cherché à me vendre un produit miracle – en vérité, un boîtier bidon[1] – pour soigner mes migraines. Il me faisait aussi miroiter une grande fortune : il me jurait avoir engrangé plusieurs centaines de milliers d'euros de chiffre d'affaires avec ces boîtiers via un système de marketing de réseau. Le voici désormais reconverti en entrepreneur écologique, et Anne-Claire en ambassadrice zélée de son projet.

Sauf que recycler le plastique est un défi technique énorme, sur lequel de très nombreuses structures se sont cassé les dents. Quand Thomas annonce travailler pour une entreprise qui

1. Thibaut Schepman, « Healy, boîtier quantique et pompe à fric », *Les Jours*, 21 juin 2022.

a trouvé une solution magique pour le faire, j'ai de sérieux doutes. Méfiant, je contacte Flore Berlingen, autrice de *Recyclage : le grand enfumage* et ancienne directrice de Zero Waste France. Son verdict est sans appel : « C'est de la pyrolyse, c'est tout sauf nouveau et innovant, et surtout c'est le pire bilan environnemental qu'on puisse imaginer en termes de recyclage ! » Cette technique, loin d'être la solution miracle présentée, est connue de longue date et notoirement problématique : elle consomme énormément d'énergie, génère une pollution considérable et produit des matériaux certes recyclés mais hautement toxiques. Une enquête approfondie de *ProPublica*[1] confirme que ces projets de pyrolyse, promus par les géants du plastique, ont surtout pour effet de détourner l'attention de la nécessaire réduction de la production plastique à la source.

Dans un podcast de septembre 2024, Thomas affirme aussi qu'investir dans son entreprise « peut vous changer la vie ». Il se vante d'avoir atteint sa liberté financière « avec ce projet en seulement deux ans » – il me disait la même chose à propos du Healy – et ajoute que grâce à lui plusieurs dizaines de personnes se sont « libérées financièrement » « juste en travaillant sur ce projet ».

1. Lisa Song, « The Delusion of "Advanced" Plastic Recycling », *ProPublica*, 15 janvier 2024.

Anne-Claire, qui dit avoir placé « plusieurs dizaines de milliers d'euros » dans ce projet, s'en réjouira et invitera sa communauté à continuer à contribuer. Dans une vidéo « update » diffusée le 1er novembre, le Balinais fan de marketing de réseau remerciera ma coach : selon lui, les contributions de la communauté d'Anne-Claire ont plus que doublé depuis leur première vidéo de promotion, ce qui voudrait dire, si mes calculs sont bons, que les influencé·es de ma coach auraient placé 200 000 euros dans la boîte de Thomas. Là encore, je n'ai vu aucune indication de ma coach sur le pourcentage ou le dédommagement que ces promotions lui rapportent.

Anne-Claire publiera même en janvier 2025 une vidéo titrée *Les meilleurs investissements possibles* dans laquelle elle promet de nous expliquer « comment investir intelligemment en cette fin d'année 2024 et préparer 2025 ». Dans sa liste, elle conseille à nouveau d'investir dans le projet de recyclage de plastique.

Ponzi à Bali

Ce mélange entre coaching spirituel et incitation à l'investissement a déjà produit des catastrophes. L'affaire Vivalavi en est l'exemple le plus saisissant.

Pendant près d'une décennie[1], trois coachs ont démarché des passionné·es de développement personnel sur des salons et des lieux dédiés au bien-être. Après les avoir fait participer à des stages où ils partageaient leurs blessures personnelles, ils leur proposaient des « investissements éthiques » pouvant permettre d'atteindre « la liberté financière ». Tiens, tiens. En l'occurrence, il s'agissait de placer des milliers, des dizaines de milliers voire des centaines de milliers d'euros dans des projets d'hôtels luxueux à Bali destinés à accueillir... des retraites de coaching. Ces trois hommes ont collecté 18 millions d'euros en promettant des rendements de 8 à 10 %.

En vérité, les nouvelles mises servaient à payer les salaires des fondateurs et à verser des dividendes aux premiers donateurs, pour les rassurer et les encourager à donner encore. L'effondrement du système a ruiné deux cents personnes. Accusés d'escroquerie, les trois hommes ont dû se défendre devant la justice d'avoir mis en place un système de pyramide de Ponzi et une véritable dérive sectaire. Les deux principaux organisateurs du système ont été condamnés à cinq ans et trente mois de prison ferme en 2021[2].

1. Cour d'appel de Paris, 8 mars 2023, RG n° 21/07398.
2. « Le rêve de profit à Bali vire à l'escroquerie », *Le Parisien*, 28 juillet 2014.

Je tente de faire les comptes. Depuis quelques mois, ma coach m'a proposé des dépenses et investissements qui se chiffrent en milliers d'euros, potentiellement en dizaines de milliers d'euros. Et je ne vous parle même pas des moments où elle propose, sur son site ou dans ses newsletters, d'acheter un tas de produits qu'elle dit utiliser – comme des compléments alimentaires contre le stress – ni des liens d'affiliation présents sur son site renvoyant vers des produits controversés comme des ventouses faciales ou des outils de thérapie par la lumière. La santé dite alternative et l'aspiration spirituelle se métamorphosent souvent en aspirateur à économies.

Bien sûr, il y a des client·es qui y trouvent leur compte. Pour faire la promotion de ses retraites, Anne-Claire diffuse plusieurs vidéos de clientes ravies, voire illuminées. Voici in extenso le discours de l'une d'elles, surnommée Beata, censé présenter des résultats concrets mais dans laquelle je vois plutôt une transmission de croyances New Age (je vous laisse en juger) :

> Je viens de vivre une expérience transformatrice au niveau de la structure de mon être [elle désigne son plexus solaire avec le pouce, comme le font les personnes qui identifient ici le troisième chakra, celui qui correspond à notre identité]. Le processus d'être en huis clos avec mon bouquin, ça a fait que

je me suis sentie moi-même, comme dans un canal de naissance, m'autoapparaître. Et je sentais que mes résistances et la matière que je dois mastiquer pour accoucher du bouquin me faisaient avoir des sauts quantiques de conscience et je sentais toute ma structure qui changeait [elle cligne de nombreuses fois des yeux comme pour mimer l'effet ressenti], qui s'autorévélait. Et donc le résultat, c'est que je m'apparais grâce à ce processus de retraite de « birthing my book ». Je sens que c'est quelque chose dont j'avais besoin, comme une étape dans ma vie qui propulse tout le reste et j'avais besoin de passer par ce portail. Sur mon bouquin, j'ai appris qu'il a vraiment envie d'être. En faisant accoucher le bouquin, je magnétise tellement de bon qu'il y a toute la réalité qui change avec moi. Je deviens une meilleure personne, comme par hasard tout s'harmonise autour. Je vois que c'est parce que je suis en train de faire le bouquin ; je sens qu'il veut exister et qu'il joue un rôle magique [elle rit] de parce qu'il arrive, tout s'agence autour. Je sens que c'est une prophétie autoréalisatrice. Il a tellement envie d'exister qu'il magnétise encore plus de bon, de genre : « vas-y, vas-y, vas-y, vas-y, vas-y, vas-y » [Anne-Claire rit, la coachée aussi]. Donc, il veut, il veut et il est en train de me le montrer.

Ce discours franchit la frontière de la simple pensée positive pour basculer dans une forme de pensée magique. Les livres auraient leur volonté propre avant même d'avoir été écrits. La coach dit quelque chose, et ça devient vrai. Et même : la coach vous dit de vous dire quelque chose, et ça devient vrai. Beata a acquis la conviction inébranlable qu'elle allait écrire un livre. Une conviction facturée plusieurs milliers d'euros, je vous laisse juger du prix. Aux dernières nouvelles, elle n'a pas écrit son livre. Elle semble avoir supprimé ses réseaux sociaux, j'espère qu'elle va bien.

Je peux me donner le beau rôle parmi tout·es mes co-coaché·es. Me dire qu'Olga n'est pas rationnelle puisqu'elle continue à se payer des coachings alors que ça ne répond pas à ses attentes. Que Beata croit à des arguments ésotériques et farfelus et qu'elle se fait forcément arnaquer. J'ai certes de quoi m'inquiéter pour elle, tant le vocabulaire qu'elle utilise me rappelle les alertes des spécialistes des dérives sectaires. De même que je m'inquiète pour une troisième cliente, qui écrit un livre sur son cancer du sein et se dit fan d'Anne-Claire[1].

1. Elle écrit, précisément : « Merci pour ta contribution au monde, Anne-Claire. Tu as changé le cours de ma vie, même si je ne suis pas encore arrivée là où j'aimerais être. [...] Lorsque je t'ai entendue parler de la vie, il y a bien deux ans de cela, cela m'a touchée au plus profond de mon être, provoquant à chaque fois des larmes de belle émotion. Je n'ai pas encore cette foi inébranlable et cet amour de la vie qui te rend si rayonnante, mais c'est devenu mon rêve de marcher sur cette même route que toi, lorsque le moment sera venu pour moi. »

Or, dans l'un des modules de formation, Anne-Claire fait référence à « une personne qui s'appelle Chris », qui a eu un cancer et « écrit des livres sur les bienfaits des jus ». J'y reconnais un « coach en santé »[1], présenté par la presse américaine comme l'un des grands bénéficiaires de l'industrie de la désinformation sanitaire du pays. Sans jouer les censeurs, on peut légitimement s'interroger : est-il éthique, pour une coach sans formation médicale, de citer en exemple ce genre de personnage auprès d'un public comptant des personnes atteintes de cancer ?

Je ne peux pas me contenter de questionner Beata, Olga et les autres clientes. Je dois aussi questionner mes propres choix. Quand j'ai parlé de mon enquête à des ami·es, quand j'ai expliqué avoir acheté cette formation malgré le message tardif m'indiquant que le coaching en *« one-to-one »* coûtait un bras, j'ai senti leur malaise. Soyons honnête : j'ai cédé à l'effet de séduction et non sur des arguments rationnels. J'avais trop envie de voir ce qu'il y a derrière l'immense assurance d'Anne-Claire. Par ailleurs, j'étais déjà allé trop loin dans mon engagement. J'avais regardé plusieurs heures

1. Ses livres s'appellent par exemple *Beat Cancer Kitchen*. Plusieurs enquêtes de la presse américaine (Facebook, YouTube Overrun With Bogus Cancer-Treatment Claims) ont montré que ses allégations sont fausses voire mensongères et contribuent à la désinformation sur la santé et le cancer.

de vidéos d'Anne-Claire, j'avais présenté son travail à mon éditrice et à des proches, je l'avais en quelque sorte déjà validée en expliquant aux autres et à moi-même qu'elle était différente des autres coachs. Renoncer à payer ces 397 euros, c'était me dédire, c'était reconnaître que j'avais été charmé par un discours que je pensais seulement décrypter.

Je dois de ce fait a minima me poser la question : ne serais-je pas un pigeon ?

Petite généalogie du coaching

Étape 3 : L'utopie californienne devenue outil managérial

Big Sur, Californie, 1962. Big Sur est une falaise battue par les vents du Pacifique, un lieu paradisiaque et inspirant. Ce cadre idyllique a tous les attributs d'un lieu sacré, propice aux révélations. Jack Kerouac y a laissé son empreinte, et après lui, toute la Beat generation. C'est dans cette ambiance underground et bohème que va naître en 1962 un institut nommé Esalen. Laboratoire improbable où se mêlent des spiritualités qu'on baptisera plus tard New Age, des expérimentations psychologiques et une critique radicale de la hiérarchie et du capitalisme. L'institut va attirer bon nombre de personnalités de l'époque – l'inventeur du gonzo, Hunter S. Thompson, la chanteuse folk Joan Baez, l'écrivain aux célèbres uchronies Aldous Huxley[1] *– mais aussi des grands noms de la psychologie, des universitaires, des artistes et des personnes en chemin spirituel. Beaucoup*

1. Jeffrey J. Kripal, *Esalen: America and the Religion of No Religion*, University of Chicago Press, 2007.

sont lecteurs, lectrices ou adeptes de Blavatsky et Gurdjieff et la majorité est globalement en phase avec l'idée que nous sommes des êtres divins au potentiel quasiment illimité. Il serait donc de notre devoir de nous améliorer sans cesse. À Esalen émerge ainsi un courant de pensée appelé Mouvement du potentiel humain. C'est de cette époque que datent certains mythes courant dans le coaching comme celui qui avance qu'« un être humain n'utilise en général que 10 % de son cerveau »[1]*. Un mythe que la neurologie moderne a depuis longtemps démenti mais qui persiste obstinément.*

Esalen verra naître, entre autres, la Gestalt-thérapie et la méditation de pleine conscience. Deux pratiques aujourd'hui omniprésentes dans le coaching mais que la Miviludes[2] *a signalées pour leur manque de fondement scientifique, leurs risques pour la santé mentale et leur potentiel de dérive sectaire.*

1. Mythe contredit ici par exemple : Christophe Rodo, « Neuromythes : le mythe des 10 % », Aux frontières du cerveau, *Le Journal du CNRS*, 17 janvier 2018.

2. Mission interministérielle de vigilance et de lutte contre les dérives sectaires (Miviludes), *Rapport au Premier ministre 2007*, La Documentation française, 2008.

Les outils qui formatent les cerveaux

Les années 1960-1970 voient l'émergence aux États-Unis d'autres techniques psychologiques alternatives qui formeront le socle théorique du coaching. Parmi les alchimistes de cette révolution psychologique, se distingue le psychiatre américain Eric Berne, qui va opérer une fusion audacieuse entre les profondeurs freudiennes de la psychanalyse, les mécanismes cartésiens de la psychologie comportementale et l'optimisme de la pensée positive. Son alliage porte le nom d'analyse transactionnelle. Sa promesse tient en une formule séduisante : « Ce sont les gens qui décident de leur destinée et ces décisions peuvent être changées. »

Le système de Berne repose sur une cartographie simple de l'âme humaine : trois états – Parent, Adulte, Enfant – s'activeraient selon les circonstances. Cette théorie identifie des prétendus « jeux psychologiques » (des patterns répétitifs d'interactions dysfonctionnelles) et des « scénarios de vie » (des décisions inconscientes prises dans l'enfance qui influencent à jamais notre existence adulte). L'objectif de Berne est de nous ouvrir les yeux sur ces schémas pour mieux en sortir.

Problème : classée depuis 2006[1] *en France comme une pratique à risque de dérive sectaire, l'analyse transactionnelle a donné lieu à des situations d'une violence inouïe, comme en témoigne cette scène glaçante.*

Dans l'Amérique des seventies, Jacqui Schiff, disciple zélée de Berne, prétend guérir par le « reparentage » – rebirth *pour les initiés. Les patients auraient selon elle besoin de régresser à l'état d'enfance pour reconstruire un lien sain avec la figure parentale. Mais ces régressions se font dans la souffrance et la violence. Dans son livre* All My Children[2], *Schiff raconte comment elle a « reparenté » son fils adoptif Aaron : l'homme fut dévêtu, attaché sur une chaise, puis menacé d'un couteau de chasse sur ses parties génitales jusqu'à ce qu'il perde tout contrôle, hurle et pleure. Et puis vint le réconfort : « Détaché, sain et sauf, le couteau rangé, comme je l'embrassais, Aaron se blottit tout tremblant dans mes bras. » La violence qui se mue en tendresse, soit la recette parfaite pour créer l'emprise.*

Cette « thérapie » atteindra son paroxysme macabre en 1972. John Hartwell, jeune homme

1. Mission interministérielle de vigilance et de lutte contre les dérives sectaires (Miviludes), *Rapport au Premier ministre 2006*, La Documentation française, 2007.

2. Jacqui Schiff, *All My Children*, M. Evans, 1970, p. 189-196.

souffrant de schizophrénie confié aux soins de Jacqui et Aaron Schiff, expire dans d'atroces souffrances, le corps en bonne partie brûlé au troisième degré. La séance de rebirth *a consisté à le frapper, ligoter, plonger dans une baignoire d'eau bouillante. Face à cette horreur, on imaginerait une condamnation unanime. Il n'en fut rien. L'Association internationale d'analyse transactionnelle (ITAA) choisit d'honorer les Schiff deux ans plus tard, leur décernant son prix le plus prestigieux : l'Eric Berne Scientific Memorial Award. Message implicite : la mort d'un patient n'entache pas la méthode. Méthode qui est encore utilisée aujourd'hui. C'est ainsi qu'en 2025 l'une des plus grandes stars du développement personnel à la française, Jacques Salomé, a été accusé de violences sexuelles pendant une séance de* rebirth *– il conteste les faits.*

Au-delà du rebirth, *l'héritage et les outils de cette école alternative sont toujours prisés par les coachs contemporains. C'est le cas du triangle de Karpman, avec ses positions de « Victime-Persécuteur-Sauveur », que votre coach vous a peut-être déjà dessiné sur un paperboard. Ce sont les « égogrammes » colorés qui prétendent cartographier votre personnalité. C'est la « Process Communication », inventée par le psychologue Taibi*

Kahler et vendue à prix d'or en entreprise. Tous ces outils, omniprésents dans les salles de formation et les séances de coaching, sont directement issus de l'analyse transactionnelle. Tous ont été conçus mais aussi récompensés au même moment (dans les années 1970[1]*) et par la même association qui avait honoré les dérapages du* rebirth. *Sont-ils aussi dangereux ? Sans doute pas. Mais ces méthodes sans validation scientifique rigoureuse n'en confèrent pas moins à leurs utilisateurs un pouvoir considérable sur des personnes vulnérables.*

La PNL, le discours et les mille fraudes

« En 10 questions, je peux mener une personne là où je le veux. » Voilà ce dont se vantait, sans ciller, un coach certifié en PNL face à un psychologue que j'ai interrogé pour cette enquête : Nicolas Sajus. La PNL ? Inventée en 1976 par le psychologue Richard Bandler, la programmation neurolinguistique est incontournable dans le coaching : une majorité

1. ITAA, « Eric Berne Memorial Award Winners Index », consulté le 4 juillet 2025, https://archive.wikiwix.com/cache/index2.php?url=http%3A%2F%2Fwww.itaa-net.org%2Fitaa%2FEBMAWinners.htm.

des praticiens y ont été formés et disent la pratiquer ou s'en inspirer. Mais contrairement à ce qu'affirment ses promoteurs, derrière ses acronymes et son jargon technique, elle n'a pas démontré à ce jour sa validité scientifique et académique[1]*. Elle n'a pas fait preuve de son utilité pour soigner ou aider*[2]*. C'est logique, puisque ses fondateurs ont érigé en dogmes leurs intuitions personnelles, dédaignant la méthode expérimentale et s'affranchissant de toute autocorrection. Étiquetée tour à tour comme mythe*[3]*, pseudoscience*[4] *ou simple fraude, la PNL inquiète d'autant plus qu'elle se présente ouvertement comme une ingénierie mentale permettant de remodeler la pensée d'autrui. Certains participants à des séminaires de Tony Robbins – figure de proue*

1. Scott O. Lilienfeld, Steven Jay Lynn et Jeffrey M. Lohr (dir.), *Science and Pseudoscience in Clinical Psychology*, 2e éd., The Guilford Press, 2012, p. 908.

2. Gareth Roderique-Davies, « Neuro-linguistic programming: cargo cult psychology ? », *Journal of Applied Research in Higher Education*, vol. 1, n° 2, 2009.

3. https://archive.wikiwix.com/cache/index2.php?url=https%3A%2F%2Fwww.oecd.org%2Fedu%2Fceri%2F31706603.pdf%2Findex.html#federation=archive.wikiwix.com&tab=url.

4. « La religion des faux psy », *Psychologues de France* [site web], https://archive.wikiwix.com/cache/index2.php?url=http%3A%2F%2Fwww.psychologuesdefrance.info%2Fpages%2FLa-religion-des-faux-psy.

de la PNL – ont été blessés[1] *en marchant sur un tapis de braises à la demande du coach. Ce n'est pas un hasard si la Miviludes l'a classée parmi les pratiques à risque de dérive sectaire*[2]. *Pas de quoi l'empêcher d'être un incontournable du coaching et du management, elle s'incruste même dans le milieu universitaire*[3].

Nous arrivons maintenant à la dernière étape de notre voyage principalement américain, avec un voyage au Mexique dans la chaleur de l'été 1998. Martin Seligman, président de la prestigieuse American Psychological Association, invite un groupe de confrères pour une retraite de travail. Il raconte avoir eu une « épiphanie positive » dans son jardin[4], *alors*

1. « Le fait divers du jour : le coach en développement personnel les fait marcher sur le feu, ils terminent à l'hôpital », *TF1 Info*, 24 juin 2016.

2. « Quelles sont les méthodes les plus répandues ? », https://archive.wikiwix.com/cache/index2.php?url=http%3A%2F%2Fwww.miviludes.gouv.fr%2Fquest-ce-quune-d%25C3%25A9rive-sectaire%2Fo%25C3%25B9-la-d%25C3%25A9celer%2Fles-d%25C3%25A9rives-sectaires-dans-le-domaine-de-la-sant%25C3%25A9%2Fquell#federation=archive.wikiwix.com&tab=url.

3. En 2016, l'université Paris-Est Créteil organisait par exemple des conférences sur la PNL, https://x.com/UPECactus/status/696649839933792256.

4. Martin E. P. Seligman, *Authentic Happiness: Using the New Positive Psychology to Realize Your Potential for Lasting Fulfillment*, Free Press, 2002.

que sa fille de cinq ans lui demandait pourquoi il était toujours de mauvaise humeur. De cette anecdote domestique, mythifiée à force d'être répétée, naît la « psychologie positive » – un mouvement que va porter Seligman et qui drainera des dizaines de millions de dollars annuels.

Dans leur livre Happycratie, *qui présente l'injonction au bonheur comme nouvel outil de contrôle social et managérial capitaliste, Edgar Cabanas et Eva Illouz voient dans la psychologie positive un simple « vernis scientifique » appliqué aux vieilles recettes des prophètes du succès. Le coup de force de Seligman ? Faire passer ces concepts des rayons « développement personnel » aux publications académiques, puis au lucratif monde du coaching. Ce faisant, la « motivation », la « flexibilité », le « refus du conformisme » ou la « créativité » – jadis des revendications contestataires – deviennent des injonctions managériales. Voilà pourquoi tant de salarié·es en souffrance s'entendent dire par leur coach qu'ils et elles doivent simplement travailler leur mindset.*

VIII

Croire son ou sa coach jusqu'à la cuisson

Faut-il être un pigeon pour tomber dans le piège du coaching ?

Jusqu'où peut-on croire avant de se brûler les ailes ? Un esprit averti peut-il céder aux sirènes d'un discours dont il perçoit pourtant certaines failles ? Voilà les questions que je me pose pour répondre à une autre : suis-je un pigeon ?

L'histoire des adeptes du coach James Arthur Ray va m'aider à trancher. À la fin des années 2000, ce prophète californien régnait sur l'empire du développement personnel américain, installé dans le panthéon des trois personnalités les plus influentes du pays en la matière. Son pouvoir de séduction était énorme, il suffit d'écouter quelques minutes de ses séminaires pour en ressentir encore aujourd'hui les puissantes ondes.

Sa voix se fait souvent caresse, parfois fouet :

« Combien d'entre vous sont vraiment déterminés à élever leur vie au niveau supérieur d'accomplissement ? Vraiment déterminés ? Alors laissez-moi vous poser cette question : si je vous disais exactement ce que vous devez faire pour accomplir tout ce que vous avez choisi d'accomplir, le feriez-vous ? Oui ou non ? »

La foule répond d'une seule voix : « OUI !

– Même si cela vous semble inhabituel, le feriez-vous ? Oui ou Non ?

– OUI ! rugit la salle.

– Bien. Je veux vous féliciter d'être ici et je peux vous aider. Je le peux vraiment. »

Voilà les mots avec lesquels il soumettait des foules.

Après sa participation en 2006 au documentaire phénomène *The Secret*, Ray est devenu une star du développement personnel. Il apparaît plusieurs fois dans le show d'Oprah Winfrey et donne des conférences devant des salles de centaines, puis de milliers de personnes.

Son business de coaching reposait sur une pyramide de formations, chacune plus coûteuse que la précédente. Jusqu'au Graal : des retraites avec lui, vendues 10 000 dollars. Sa philosophie part d'un principe simple : les épreuves transforment.

Il pousse ce concept à l'extrême, exigeant de ses clients qu'ils se surpassent constamment. Il les fait casser des planches à mains nues – certains se fracturent les os –, les abandonne dans un désert glacial pour la nuit, les contraint à révéler leurs traumatismes les plus intimes en public.

En octobre 2011[1], dans le désert ocre de Sedona en Arizona, Ray franchit une ligne fatale. Lors d'une retraite spirituelle, il ordonne à cinquante-six participants de s'entasser dans une hutte de sudation en plastique extrêmement chaude, bâclée sans aucun sérieux. Avant d'y pousser ses ouailles, il rejoue son ballet pervers entre avertissements glaçants et promesses extatiques :

« Aujourd'hui, vous allez mettre en jeu votre vie mais aussi tout ce que en quoi vous croyez. Ce qui va se passer, c'est que vous allez vous retrouver dans l'état de santé le plus dégradé de votre vie. Vraiment. »

« Si vous jouez le jeu à fond, c'est votre défi, ce sera l'expérience la plus intense et la chaleur la plus extrême de votre vie. Vous allez avoir l'impression d'être en train de mourir, je vous le garantis. À certains moments vous allez avoir envie de courir, de vous enfuir. C'est à ce moment qu'il faudra

1. Cette histoire a été résumée avec brio dans une excellente vidéo de la chaîne YouTube Dissecte : *Le Secret d'un désastre*, et dans celle de la chaîne YouTube de Todd Grande : *James Arthur Ray | Dangers of Spiritual and Motivational Gurus.*

vous dire : “Hey, c’est ma chance de vivre pour de vrai.” Vous aurez juste à vous laisser aller et vous dire : “C’est OK si je meurs, parce qu’en vérité je ne mourrai jamais, seul mon corps mourra.” »

Lorsque certains participants tentent de sortir, Ray leur ordonne de rester.

Quand des corps s’effondrent, inconscients, il dissuade les autres de leur porter secours.

Sa parole a un tel ascendant que la majorité obéit, malgré l’instinct de survie qui leur hurle de fuir.

Dix-huit adeptes seront hospitalisées. Trois personnes mourront[1].

Elles ont obéi jusqu’au bout.

Elles ont cru leur coach jusqu’à leur propre cuisson, dira l’autopsie[2].

Cette tragédie sidérante dévoile l’insoutenable : lorsqu’on croit, nos volontés peuvent capituler y compris là où nos instincts hurlent au danger, même quand le danger nous a été explicitement annoncé et qu’il advient devant nos yeux.

---

1. Elles s’appelaient James Shore, Kirby Brown et Liz Neumann.

2. Ce n’est pas la seule affaire de ce genre. En 2011 encore, au Québec, une adepte d’un groupe de développement personnel âgée de 35 ans est morte après une séance prolongée dans une hutte de sudation. L’affaire est racontée dans le podcast *Mourir en conscience* de Radio-Canada.

Les leçons de l'affaire du faux Brad Pitt

Dans les commentaires des articles relatant ces drames, les victimes sont raillées pour leur supposée bêtise. Comme s'il existait deux catégories étanches d'êtres humains : les crédules qui se font avoir et les esprits critiques imperméables à toute manipulation. Cette vision binaire est si fausse.

En janvier 2025, une affaire fait grand bruit : Anne, décoratrice d'intérieur de 53 ans, a révélé sur TF1 avoir été escroquée de plusieurs centaines de milliers d'euros par des brouteurs – des escrocs numériques qui se nourrissent d'identités usurpées. Sur les réseaux, elle a cru que Brad Pitt en personne lui jurait son amour. Son témoignage a déclenché une tempête de moqueries et d'humiliations publiques – comment peut-on être aussi crédule ?

La réalité était plus nuancée. Anne avait exprimé des doutes à de multiples reprises, tant auprès des escrocs que de ses amis. Elle n'avait pas tout gobé d'un coup. Ces moments où la lucidité perçait le voile ne l'ont pourtant pas sauvée. Son histoire dessine les contours d'un phénomène plus subtil que la simple crédulité.

Certain·es auteur·ices parlent de « croyances clignotantes[1] » ou du fait de croiver[2], ce qui peut

1. Ce terme a été utilisé par le philosophe Edgar Morin à propos de l'astrologie.
2. Néologisme proposé par Sebastian Dieguez, chercheur en neurosciences à l'université de Fribourg en Suisse et auteur de *Croiver*.

regrouper le fait de croire sans tout à fait croire, de croire que l'on croit, de s'autoconvaincre que l'on croit ou de prétendre que l'on croit pour appartenir à un groupe ou pour afficher une certaine liberté de pensée. Bref, il y a mille façons de croire et, la plupart du temps, elles sont beaucoup plus subtiles que… ce que l'on croit.

Douter n'empêche pas d'être dupé

Le parcours de Julie est révélateur de ces allers-retours entre adhésion et scepticisme. Cette trentenaire est arrivée au coaching en 2019 après avoir fait face à un deuil traumatisant mais aussi souffert d'échecs professionnels (elle était thérapeute en shiatsu, une pratique de massage et médecine non conventionnelle dont beaucoup de praticiens peinent à trouver leur clientèle). Trois ans plus tard, elle répondait à ma première interview pour témoigner des conséquences graves qu'ont eues ces coachings sur sa vie. Elle me disait être « en banqueroute », « victime d'emprise » et estimait avoir perdu 35 000 euros en route. Ce qui explique sa descente aux enfers, c'est justement la fascination qu'ont exercée sur elle plusieurs coachs.

Reprenons au printemps 2019 quand, épuisée professionnellement après des années de revenus insuffisants, elle cherche une solution à son sentiment persistant de « blocage ». Elle découvre alors Julien Musy[1], coach dont la réputation repose, sans surprise, sur une histoire de transformation personnelle radicale.

Sur son site, sa narration suit encore le modèle éprouvé du perdant magnifique : « À 23 ans, je vivais encore chez ma maman, je ne gagnais pas un euro, je n'avais jamais eu de copine ni de relations sexuelles, je pointais à Pôle emploi, je souffrais d'addictions et me détestais au point de me faire vomir jusqu'à dix fois par jour. » La suite arrive, triomphale : « À 27 ans, j'étais devenu multimillionnaire, je faisais des conférences devant des centaines de personnes, je voyageais partout dans le monde en vivant notamment à Malte pendant 1 an, à Bali pendant 1 an, à Dubaï pendant 1 an, j'étais en couple avec une femme que j'aimais et je m'étais libéré de mes addictions. »

Le récit touche Julie en plein cœur : il répond exactement à ses aspirations de métamorphose rapide, de rupture biographique. Après avoir découvert ce coach via une pub sur Instagram, Julie décide de se lancer et dit avoir déboursé 7 200 euros pour une formation sur le « closing » – l'art de conclure une vente. Son but est

1. En 2023, la Miviludes avait reçu deux demandes d'avis relatives à Julien Musy. Ce n'est pas anodin, mais c'est beaucoup moins que d'autres coachs.

clair : « J'y suis allée pour me sortir les doigts. » Pour vendre sa « masterclass », le coach s'appuie sur deux idées phares[1]. La première : le principal problème qui empêche les entrepreneurs de gagner plus, ce serait eux-même et leurs « pensées limitantes ». La seconde : il serait assez doué pour nous aider à « faire en un an ce qu'on oserait simplement rêver de faire en cinq ». Une promesse parfaitement calibrée pour toucher quiconque se sent bloqué dans sa vie professionnelle.

J'ai pu consulter les documents de cette formation. Ce sont des documents rares et précieux, qui aident à comprendre comment et pourquoi des clients cèdent. Julie y apprenait des scripts de vente, petits scénarios et échanges types fonctionnant en entonnoir jusqu'à ce que votre interlocuteur·ice accepte de sortir sa carte bleue. Peu importent les sommes astronomiques en jeu et peu importent les réticences initiales, le script est conçu pour avoir réponse à tout.

L'exploitation des vulnérabilités

Le cynisme de ces méthodes me fait froid dans le dos. « Creusez jusqu'à trouver la véritable douleur

1. Qu'on retrouve notamment dans cette vidéo toujours en ligne : https://www.facebook.com/watch/?v=2423896217835112.

[de votre cible] », prescrit le manuel avec ces questions à l'apparence bienveillante :

> Pourquoi penses-tu que tu as ce problème aujourd'hui ?
> Depuis combien de temps es-tu confronté à ce problème ?
> Qu'as-tu essayé jusqu'à maintenant pour résoudre ce problème ?

Ces interrogations ne visent qu'une chose. Le vendeur doit faire exposer par sa « cible » ses vulnérabilités les plus intimes, non pour l'aider, mais pour lui vendre la promesse d'une guérison monnayable. Car, une fois ces vulnérabilités identifiées, le script guide le vendeur pour faire admettre à la cible qu'elle n'a pas réussi seule jusqu'ici et qu'elle doit donc être accompagnée. La conclusion arrive, minutieusement chorégraphiée. La voici mot pour mot :

> Le prix du programme est de 3 800 €... Mais j'ai remarqué que ceux qui prennent des décisions rapidement deviennent mes meilleurs clients et que l'on a des résultats exceptionnels avec ces personnes donc pour cette raison, je propose ce que l'on appelle « un prix incitatif » qui consiste à te proposer une réduction de 1 000 € si tu prends une décision maintenant et cela ramène donc l'investissement à 2 800 € seulement.

Le grand marché des souffrances humaines

Julie décrit le malaise qui l'a envahie dès les premiers jours de formation. Elle comprenait progressivement que le closing consistait à instrumentaliser la souffrance d'autrui.

Elle se souvient avec précision de son premier appel avec une ancienne connaissance, une personne qu'elle savait marquée par des expériences psychologiquement douloureuses. Julie a appliqué le script à la lettre et proposé un accompagnement – soldé, donc – à 2 300 euros. Sa cible et amie a accepté sans hésiter.

Julie assure avoir ressenti un profond malaise et avoir douté de la légitimité de sa démarche. « J'avais l'impression de mentir. Et je crois que c'était le cas. Je ne pouvais pas faire ces promesses, pas proposer de tels tarifs, ce n'était pas possible », estime-t-elle aujourd'hui.

Quelques jours plus tard, Julie s'effondre psychologiquement : « Tout se bousculait. Moi-même je me racontais que je m'étais guérie de traumatismes d'enfance grâce à la force de ma volonté. En fait, sur le moment, beaucoup de choses enfouies sont remontées. » Désespérée, elle dit avoir contacté le service client de Julien Musy : on lui aurait proposé un appel de quinze minutes deux semaines plus tard. « J'ai trouvé ça totalement inadapté et irrespectueux vu mon niveau de mal-être. »

Le sentiment de fatigue n'a fait qu'augmenter chez elle, malgré les injonctions de son coach à se bouger. Trois semaines après le début de la formation, elle ne parvenait plus à quitter son lit. Burn-out.

Julie décide alors d'arrêter d'utiliser les méthodes qu'elle a apprises. Je trouve honorable cette capacité qu'elle a eue de remettre en question non seulement ce qu'elle croyait mais en plus ce qu'elle venait de payer pour apprendre et croire. Rejeter ce coaching, c'était renoncer à la fois à des croyances et à un débouché professionnel tant attendu. C'était aussi admettre que débourser autant d'argent n'a servi à rien. Cette lucidité est d'autant plus remarquable qu'elle a perçu la cruelle ironie du système : la formation lui apprenait à utiliser sur d'autres les mêmes techniques de manipulation qui l'avaient piégée. Elle décrit, en somme, une pyramide de Ponzi émotionnelle, où chaque nouvelle victime doit en recruter d'autres pour espérer rentabiliser son investissement[1].

Pourtant, l'engrenage ne s'est pas arrêté là. Après Julien Musy, Julie s'est tournée vers Jean-Luc De Wachter, un ancien candidat de télé-réalité belge reconverti dans le développement personnel – celui-là même que que j'avais trouvé dans la liste des co-conférenciers d'Anne-Claire. Ce

1. Contacté à plusieurs reprises, nos demandes auprès de Julien Musy n'ont pas abouti.

conférencier a eu plusieurs vies. Dans l'une d'elles, il a été chanteur à succès en Belgique – sous le pseudo Kylian'n – grâce à l'émission *The Voice*. Dans une autre, il a été le personnage principal du documentaire *Au nom du coach*, diffusé en 2013, qui racontait comment il cherchait à faire fortune dans le milieu du coaching[1]. Lors de notre entretien, Jean-Luc m'a dit détester ce que le documentaire montre de lui, il estime avoir été dupé par le réalisateur, pourtant multirécompensé et reconnu pour ses qualités d'enquête. Ça ne l'a pas empêché de réussir : sur son site Internet, Jean-Luc de Wachter dit avoir « accompagné » 900 personnes

1. Voici comment ce dernier raconte son parcours sur LinkedIn : « À 32 ans, j'étais gérant d'un snack le jour et DJ la nuit. [...] Alors, je me suis lancé un défi : remporter la première édition de *The Voice Belgique*. Je voulais me donner les moyens de réussir une bonne fois pour toutes. Si je ne réussissais pas, j'en aurais fini avec la musique. Je me suis inscrit et j'ai passé les auditions à l'aveugle. [...] Je reste une émission. Deux émissions. Là, l'espoir de gagner se fait sentir. Mais à la troisième, je suis éliminé. Je finis huitième et je me sens honteux. Car pour moi, seule la première place comptait. À ce moment-là, j'ai décidé d'arrêter la musique. Je savais que j'étais bon, que j'avais un talent, mais je n'étais pas assez bon pour exceller. [...] Je me suis alors concentré sur tout autre chose : je voulais savoir ce que les gens qui réussissent avaient compris qui m'avait échappé. Alors j'ai beaucoup lu et étudié. J'ai marché sur le feu et expérimenté. Cela m'a pris des années mais j'ai grandi. [...] Puis j'ai fini par devenir une sorte de référent pour certains. J'ai inspiré du mondé à suivre le même parcours d'exploration. Jusqu'à réunir des centaines de personnes dans mes programmes de coaching en ligne et en salle. »

dont plusieurs multimillionnaires, réalisé « 1,5 M€ de vente de produits en ligne à titre personnel » et « plus de 12 M€ générés pour ses clients ».

Jean-Luc est aux yeux de Julie le meilleur coach qu'elle ait croisé. Mais elle se souvient de phrases étranges de sa part, comme lorsqu'il recommandait de penser positif afin de « téléporter ta conscience et ta signature vibratoire au niveau de richesse choisi ». Elle a embarqué à l'époque pour de bon dans l'idéologie de la « loi de l'attraction », cette loi qui invite à penser positif pour que le positif arrive dans nos vies. Il faut dire que Jean-Luc De Wachter y allait fort dans ses formations. Dans l'un de ses documents, Workbook Abundance, le coach suggère après quelques lectures (dont le livre écrit en 1937 par Napoleon Hill, *Réfléchissez et devenez riche*) et quelques exercices de projection, de remplir un protocole appelé « déclaration d'abondance ». J'ai l'impression qu'il consiste à implorer les cieux d'attirer l'argent à nous, comme d'autres dansent pour faire tomber la pluie :

> Intégration et liaison à soi
> En date du _______________,
> Il est acté que _______________________ euros annuels,
> Sous forme de minimum __________________ net chaque mois,

Sont désormais ma capacité d'accueil d'argent
Et ce dans la ______________, la
______________,
Et la ______________________.

Ce protocole se termine par : « J'autorise et demande la rétroaction nécessaire à ceci dans le plus grand respect de mon écologie, de celle des autres et de l'harmonie du monde. »

Julie se décrit elle-même comme, à ces moments-là, totalement déconnectée de la réalité : « J'avais l'impression que plus rien n'était grave. La loi de l'attraction, c'est aussi une façon de ne jamais regarder le présent, de ne jamais accepter la réalité. Ça peut être une grande entreprise de déni. » Si bien que ni les avis de ses proches, pour certains inquiets pour elle, ni ses échecs répétés ne la faisaient vaciller : « Dans ce mode de pensée, c'est normal de chuter. La chute a même quelque chose d'assez spirituel, c'est juste le signe que la lumière va enfin arriver. »

Au téléphone, Jean-Luc De Wachter lui-même m'explique être revenu de ces croyances en la loi de l'attraction. À l'écouter, j'entends qu'on peut en même temps vendre une croyance et en être victime : « La loi de l'attraction, ça m'a séduit. J'ai pu me laisser emporter. J'en ai souffert à un moment de mon parcours. Je ne veux pas avoir l'air d'être une victime, je suis responsable. Mais j'ai voulu croire à quelque chose de séduisant parce que ça m'arrangeait bien, et le fait de croire m'a plus desservi que servi. Je ne suis plus du tout à cet endroit-là aujourd'hui. »

Bouffées délirantes à l'issue de séances de coaching

Julie raconte s'être ensuite liée à une autre personne, qu'elle décrit comme l'ex-bras droit du coach belge. Au début du confinement de 2020, cette femme appelée Cécile a proposé à des dizaines de coachés d'intégrer doTERRA, un programme de marketing multiniveau. Ce modèle repose sur les huiles essentielles mais surtout sur le recrutement de commerciaux. Pour recevoir des revenus, il faut vendre des produits de la marque mais il faut avant tout recruter des gens qui vendent des produits et/ou qui recruteront également des gens qui vendent des produits... Si Julie estime aujourd'hui encore qu'il est vertueux, plusieurs enquêtes et spécialistes des arnaques ont, de leur côté, affirmé qu'il s'agit là de vente pyramidale[1].

1. Expert en conformité financière, Messaoud Abda est catégorique : le modèle d'affaires de doTERRA est de la vente pyramidale. Mais avec un léger bémol qui lui permet de rester sous le radar, selon lui : « La plupart des ventes pyramidales n'ont pas de produits. Mais eux ont été assez avisés pour offrir un produit qui donnerait

Julie a immédiatement accepté la proposition, versant 680 euros pour un « kit de démarrage ». Son quotidien change : « On passait un temps considérable en ligne. Il fallait publier quotidiennement sur les réseaux, participer aux réunions obligatoires, respecter nos engagements envers le réseau. Je me sentais de plus en plus oppressée. » Devenue sa coach personnelle, Cécile a poussé Julie vers des techniques d'autoconviction de plus en plus délétères. Le résultat fut inquiétant : « J'ai commencé à ressentir une sorte de déréalisation » confie Julie. « J'étais comme scindée en deux. Une partie de moi savait que j'étais piégée dans doTERRA et que je n'en voulais pas. Mais Cécile m'incitait à me projeter à cent pour cent dans une nouvelle réalité pour la faire advenir. Du coup, j'essayais de me séparer de mes pensées négatives, de penser mieux, de ne pas écouter mes doutes. »

Elle n'est pas la seule personne fragile psychologiquement à avoir connu, pendant un coaching, ce genre de sortie de route psychologique. En 2022, j'avais recueilli le témoignage de Nicolas Sajus, docteur en psychologie, qui m'avait décrit le cas d'un patient gravement déstabilisé après sa participation à un séminaire de David Laroche – encore

lieu à de la vraie vente. C'est juste pour donner un air de légitimité à la transaction. » « Le "marketing multiniveau" de doTERRA, un modèle d'affaires controversé », *Le Devoir*, décembre 2020. Contacté pour cette enquête, le programme doTERRA n'a pas répondu à notre sollicitation.

lui. Ne souhaitant pas bouleverser son patient, il n'avait pas voulu me transmettre ses coordonnées.

Ne pouvant pas vérifier ses dires, je m'étais contenté de les rapporter rapidement et avec prudence. Je racontais dans mon article mon entretien avec ce psychologue suivant un patient en « décompensation », victime de « bouffées délirantes aiguës » à son retour d'un stage de David Laroche. J'ajoutais cette citation du thérapeute : « La personne a vécu une sorte de lune de miel avec son coach, qui lui disait ce qu'elle voulait entendre, que tout est possible. À son retour, le patient avait perdu pied avec la réalité, il a dû être hospitalisé. » J'avais également contacté la Miviludes, qui m'avait dit avoir reçu quatre signalements au sujet de David Laroche.

Deux ans après mon premier entretien avec Nicolas Sajus, je mets donc au point un petit stratagème destiné à corroborer ses propos. Avant cette seconde interview, je relis dans le détail les propos tenus par le psychologue deux ans plus tôt et dont j'avais gardé le verbatim. Pendant le nouvel entretien, je lui demande de me raconter « la situation la plus grave à laquelle il a été confrontée ». Ça marche, il évoque tout de suite ce jeune homme fan de David Laroche. Je fais mine de découvrir le cas. Je retrouve chez mon psychologue le même ton, assez monocorde, et surtout les mêmes détails très précis que lors de mon premier entretien.

L'éthique professionnelle m'interdit d'interroger directement cette victime, mais la cohérence parfaite du témoignage de Nicolas Sajus sur plusieurs années renforce, je crois, sa crédibilité. Et ce qu'il décrit est profondément troublant.

Des risques psychiatriques au coaching ?

Pour ce jeune homme, que j'appellerai Édouard, tout a commencé par ce que Nicolas Sajus nomme donc « une lune de miel » avec le coaching. Paralysé depuis des années par une timidité invalidante et un syndrome anxio-dépressif diagnostiqué, le jeune homme se décide à « avancer rapidement ». Il investit quelques centaines d'euros dans un séminaire de David Laroche[1].

Laroche se présente comme un ancien timide pathologique devenu orateur charismatique – le parcours qu'espère Édouard. Il commence à appliquer obsessionnellement les techniques et mantras du coach, au point que « le processus identificatoire » va prendre des proportions démesurées. En d'autres termes, le patient ne savait plus distinguer sa volonté de celle de David Laroche. Il ne savait plus si la voix dans sa tête était la sienne ou celle de David

1. Contactée pour cette enquête, l'équipe de David Laroche n'a pas souhaité répondre à nos questions.

Laroche. Il a même fini par se prendre pour David Laroche. Il a perdu le sommeil, la lucidité, ses propos sont devenus incohérents. À la demande de son psychologue, il a été hospitalisé pendant trois mois en soins psychiatriques. Quel est le niveau de responsabilité de son coach ? « Je ne dirais pas que le coach a provoqué sa pathologie, mais cet épisode a été le facteur déclenchant à l'origine de la bascule. Cela arrive aussi avec des approches méditatives ou hypnotiques, qui sont très à la mode actuellement », estime le professionnel de santé.

Cet épisode date de la fin des années 2010. Nicolas Sajus indique que ce jeune homme n'a jamais pu depuis « restaurer une vie normale ». Malgré son « potentiel intellectuel important », il ne parvient à travailler que dans des conditions très aménagées. Se souvenir de sa période de vie sous coaching est douloureux, car il revoit maintenant avec lucidité la puissance de ses bouffées délirantes et de son exaltation démesurée.

Je comprends parfaitement pourquoi une interview journalistique serait contre-indiquée dans son cas. J'aimerais pourtant savoir s'il avait ressenti des doutes ou des méfiances avant ou pendant cette « lune de miel », si sa lucidité critique a parfois percé pendant cette phase, ou si elle n'est réapparue qu'après l'effondrement.

Depuis cette première enquête, j'ai documenté de nombreux cas similaires. Éric Collenne, cadre chez

Michelin[1], m'a ainsi décrit les séquelles durables d'un coaching d'entreprise : « J'ai perdu toute notion de sensation, d'émotion. J'ai mis des mois à les retrouver. C'est caractéristique d'une emprise psychologique. Tout est fait pour être merveilleux au début, mais la pression augmente toujours au final. J'étais clairement en zone de risque psychosocial grave. » Plus stupéfiant encore, dans le podcast belge *Les Coulisses des clés du succès*, on entend une femme passionnée par le coaching et persuadée de ses bienfaits expliquer avoir vrillé au sortir d'un séminaire de coaching : « Moi, je suis partie en couille et j'ai dû me faire aider par un spécialiste [...]. En fait, il y avait plusieurs parties de moi-même qui étaient à l'extérieur de moi. Je perdais pied avec la réalité, j'avais l'impression que je volais constamment à un mètre cinquante au-dessus du sol. Plus rien n'avait d'importance

1. Éric Collenne, *La Méthode Michelin. Comment rendre les salariés inaptes au travail*, Plon, 2021.

Interrogée, la communication de Michelin nous a répondu par mail que ce livre "relate une expérience personnelle forte, que nous respectons, même si elle remonte à plusieurs années", mais que "les faits évoqués ne reflètent pas, selon nous, la réalité actuelle ni la politique sociale du Groupe vis-à-vis de ses salariés". Elle rappelle que "Michelin condamne sans ambiguïté toute forme de management toxique" et que l'entreprise a développé une "Manufacture des Talents", un centre de formation interne dans lequel "chaque manager peut construire son propre parcours de développement, qui peut inclure du coaching ou du mentorat."

dans la vie, j'avais l'impression que les humains, c'étaient des fourmis[1]. »

Pourquoi les victimes se taisent

Les victimes du coaching qui témoignent décrivent bien souvent des situations psychologiques très proches. Mais rares sont celles à le faire publiquement.

Fondateur et salarié du site Signal-Arnaques.com, Jean-Baptiste Boisseau indique avoir reçu de nombreux signalements de la part de proches de coachés mais n'avoir pu, lui aussi, échanger qu'avec peu de victimes directes. La cause ? « Une fois qu'ils réalisent qu'ils ont été sous emprise, qu'ils se sont fait avoir, il y a un sentiment de honte qui arrive et ils vont garder ça pour eux. Leurs proches qui nous contactent nous disent qu'ils culpabilisent, qu'ils se disent : "C'est ma faute. "» Quand on voit le harcèlement vécu par la victime du faux Brad Pitt, on les comprend.

Cette honte est amplifiée quand des sommes importantes sont en jeu. La youtubeuse américaine Danielle Ryan, ancienne professeure de yoga, confesse avoir dissimulé pendant près d'un an les

1. Manon Mottard et Frédéric Morray, *Les Coulisses des clés du succès*, épisode 2/6, « La manipulation », 2024.

milliers de dollars versés à un coach, par « honte » d'avoir fait « un si mauvais investissement »[1].

Le journaliste américain Stephen Findeisen, auteur d'enquêtes sur des escroqueries et malversations entre autres dans le milieu du coaching, a diffusé l'interview d'un professeur appelé Garrett qui a dépensé 26 000 dollars pour s'inscrire dans les programmes d'un célèbre coach américain. Son parcours illustre parfaitement la progression de l'emprise. D'abord, des demandes relativement inoffensives mais étranges – comme embrasser littéralement ses billets de banque pour que la richesse advienne[2]. Puis, des exigences de plus en plus risquées, culminant avec l'injonction de démissionner sans filet de son emploi.

Il a obéi à chaque fois, malgré les alertes de ses proches à qui il répondait que leurs craintes étaient causées par leur « mindset limitant », reprenant mot pour mot le jargon inculqué par son coach. Le plus touchant dans son témoignage, c'est la façon dont il décrit la douloureuse honte que l'on ressent au moment précis où l'on réalise qu'on a été berné.

---

1. Hannah Ewens, « Dans la jungle des "coachs qui coachent des coachs" », *Courrier international*, 14 décembre 2024.

2. Dans l'une de ses vidéos de septembre 2024, ma coach recommande de se munir d'un billet de banque et de se connecter à son énergie pour voir comment on se sent en présence de l'argent et ce que ça génère en nous.

Dans une vidéo, il décrit les motifs qui l'ont poussé, lui, à témoigner, alors que tant d'autres victimes restent anonymes[1]. L'anthropologue belge Manon Mottard décrypte dans l'épisode final de son podcast un autre facteur expliquant ce silence : « Ce qui m'a surprise dans cette enquête, c'est que très peu de personnes que j'ai rencontrées se disent victimes. Elles se sentent plutôt responsables de leurs actes[2]. » Comme si le fait d'avoir accepté de payer sans contrainte physique les rendait complices de leur propre arnaque ou manipulation.

1. « Beaucoup de gens ont honte. C'est pour ça que beaucoup de personnes ne parlent pas. [...] Vous vous dites : "Comment ai-je pu me faire arnaquer comme ça ?" Mais c'est parce que tout ça est orchestré. Ils utilisent votre psychologie contre vous. [...] C'est un miracle ce que j'ai pu faire ces derniers mois pour reconstruire ma vie. C'était inattendu, mais ça m'a vraiment ouvert les yeux. Ces faux gourous ne sont pas là pour améliorer votre vie, même pas un peu. Ils sont là pour détruire votre vie et se mettre en valeur. Au final, il a des photos de lui sur scène avec des centaines de personnes debout en train de l'applaudir. Voilà tout ce que nous étions. Nous étions un décor pour ses photos. Nos comptes bancaires se vidaient, nos familles se déchiraient, nos relations étaient brisées, juste pour qu'il puisse avoir l'air d'un dieu parmi les hommes. »

2. Manon Mottard et Frédéric Morray, *Les Coulisses des clés du succès*, épisode 6/6, « La dépense », 2024.

Contre la manipulation, déconstruire le charisme

Si on voit les choses comme ça, je suis assurément un pigeon. J'ai moi aussi cédé aux techniques de ma coach. J'avais identifié de gros signaux d'alerte mais j'y suis allé quand même. J'ai payé, malgré mes doutes.

Je l'ai fait paradoxalement aussi parce que j'étais persuadé d'être protégé. J'étais convaincu que, dans ma position de journaliste enquêteur, je ne pouvais pas vraiment me faire avoir. Voilà qui me fait un point commun avec toutes les victimes de coaching – voire de manipulation en général – avec qui j'ai discuté. Toutes ces personnes étaient persuadées qu'elles ne pouvaient pas se faire avoir. Que ce sont les autres qui tombent dans le panneau.

Ce n'est pas vrai. Entrer dans un processus manipulatoire est tout à fait possible même lorsqu'on est informé sur ces processus. Dans certaines situations, cela semble d'autant plus facile qu'on se croit immunisé. Auteur du *Petit traité de manipulation*, le psychologue Robert-Vincent Joule avec qui j'ai longuement échangé dans le cadre de cette enquête me l'a confirmé. Selon lui, des expériences de psychologie sociale indiquent qu'avoir l'impression d'être libre et maître de ses choix rend les techniques de manipulation encore plus efficaces.

Sans vouloir comparer des situations d'emprise bien différentes, je repense à un récent et médiatisé cas de féminicide dont a été victime une quinquagénaire à l'issue d'une relation toxique avec son ex-conjoint. Quelques mois avant sa mort, elle avait acheté plusieurs ouvrages sur les relations toxiques et avait offert à une amie le livre *Le Harcèlement moral. La violence perverse au quotidien* (Syros, 1998). Son amie décrit à son sujet dans un article de presse qu'elle : « en théorie, est armée socialement. C'est une femme indépendante, intelligente. » Sa connaissance théorique des mécanismes d'emprise n'a pas suffi face à la détermination de son futur tueur.

Bien sûr, je ne compare pas les coachs à des brouteurs ou des agresseurs et je ne considère pas du tout que les investissements importants en temps et les dépenses conséquentes consacrées au coaching sont forcément inutiles. Je n'ai pas la réponse à la question « Est-ce que le coaching vaut son coût ? », elle appartient à chaque coaché·e. Le chercheur en sociologie Heiko Royet-Galante tient d'ailleurs à nuancer le procès en inutilité fait à cette industrie, tout comme l'idée que les coaché·es en seraient forcément des victimes crédules. Cela ne colle pas avec les personnes qu'il a interrogées et qui ont « du recul sur les pratiques de David Laroche » : « Ils ont une capacité critique, une capacité réflexive, ils font le tri dans les contenus et les pratiques. Certains disent qu'ils considèrent qu'ils savent identifier quand David Laroche dépasse les limites, par exemple quand il demande à des gens de venir dépasser un traumatisme grave comme un viol ou la perte d'un enfant en le racontant sur scène. »

Il n'est pas le seul à défendre l'idée qu'il faut cesser de considérer les personnes qui font face à des gourous comme de petites choses fragiles et manipulées. Dans *Le Prophète rouge*[1], la sociologue Julie Pagis a mené une enquête sur un leader charismatique maoïste appelé Fernando qui, dans les années 1970, a réussi à devenir le chef d'une petite communauté. Dans une interview[2] présentant son travail, elle explique avoir cherché à restituer le « pouvoir d'agir » et les « intérêts individuels et collectifs à participer à cette histoire » des membres de cette communauté qu'elle appelle les « encharismé·es ».

Ce qu'elle cherche à éviter : « Si on raconte trop vite cette histoire, on peut les faire passer pour des fous. » Elle cherche à comprendre comment naît le charisme, qu'elle décrit comme « le pouvoir lié

1. Julie Pagis, *Le Prophète rouge. Enquête sur la révolution, le charisme et la domination*, La Découverte, 2024.

2. « Démystifier les prophètes, avec Julie Pagis », *Le Book Club*, France Culture, 24 septembre 2024.

à la croyance de celles et ceux qui suivent le leader en ses qualités perçues comme extraordinaires » et qui, selon elle, est trop souvent présenté comme intrinsèque et magique. Or, au contraire, le charisme n'agit que parce que le leader parvient à faire la bonne proposition aux bonnes personnes et au bon moment. Fernando tient son charisme du fait qu'il a compris qu'une partie de ses contemporains ont besoin qu'on leur promette des lendemains qui chantent.

Dans son texte « J'ai été une gourou du développement personnel, voici pourquoi vous ne devriez pas écouter les gens comme moi[1] », l'autrice et conférencière Michelle Goodman décrit combien les coachs les plus charismatiques du moment, dont Deepak Chopra, sont des gens normaux et pleins de doutes. Ce charisme ne s'explique pas par la grande crédulité des coaché·es. Plus l'enquête avance, plus je me dis que leur pouvoir de séduction réside dans leur capacité à promettre ce que notre époque nous conditionne à désirer ardemment – réussite fulgurante, accomplissement personnel instantané, épanouissement sans effort, opulence matérielle. Ils vendent, en somme, les mythes fondateurs de notre temps.

1. Michelle Goodman, « I was a self-help guru. Here's why you shouldn't listen to people like me », *Vox*, 23 janvier 2017.

Face à ces constats, il faut répéter qu'être manipulé est décidément un phénomène beaucoup plus complexe que ce que laisse penser l'expression « tomber dans le panneau ». Il faut écouter les gens qui ont plongé dans des croyances toxiques, plutôt que s'en moquer. Je tente d'accumuler ces récits. Fin 2024, j'écoute un podcast d'enquête du *Parisien* à propos de l'Église de la Scientologie[1].

Un ancien adepte y raconte son entrée dans ce groupe souvent considéré comme sectaire et très proche du coaching. Dans les premiers temps, il était persuadé qu'il ne faisait qu'entrer dans un mouvement visant à « apprendre à apprendre » et dont le nom exact lui était inconnu. C'est au moment de pénétrer dans le bâtiment pour sa première réunion sur place qu'il découvre sur la devanture les mots « Église de la Scientologie ». Il se souvient d'avoir dit à sa conjointe de l'époque : « Mais c'est une secte ce truc ! » Cela ne l'empêchera pas d'être séduit. Cela ne l'empêchera pas d'y passer une vingtaine d'années de sa vie. Aujourd'hui, il regrette amèrement cet engagement, d'autant que son fils, toujours adepte, a rompu tout contact avec lui.

Cet exemple me confirme que l'esprit critique ne suffit pas toujours face à des méthodes de séduction

1. Podcast *Scientologie : un ancien adepte alerte*, YouTube, *Le Parisien*, 22 avril 2021.

bien rodées. La manipulation fonctionne souvent par des allers et retours, ce qui n'exclut pas des formes de lucidité, ce qui n'exclut pas non plus d'y trouver son compte pour un temps.

À ce stade de mon enquête, je prends une décision : arrêter d'utiliser le terme de « pigeon ». Il laisse entendre qu'il y aurait des personnes par nature naïves et d'autres impossibles à manipuler. C'est faux (tout le monde peut se faire avoir) et cela contribue à rejeter la faute sur les victimes (elles n'avaient qu'à être un peu moins crédules). Les seul·es responsables des manipulations sont celleux qui les commettent et le système et/ou la culture qui le leur permettent. Les pigeons n'existent pas. Il existe, en revanche, des techniques de manipulation de plus en plus sophistiquées et des manipulateur·ices qui les perfectionnent constamment. Il faut autant que possible les dénoncer et raconter comment ils et elles procèdent. Non pas pour stigmatiser celleux qui y succombent, mais pour rendre visibles les mécanismes qui permettent leur emprise. Et avec l'espoir de les empêcher de nuire et de permettre à leurs cibles de se défendre.

IX

MeToo coaching

Quand les gourous deviennent prédateurs

MeToo Théâtre, MeToo médias, MeToo à l'hôpital… Depuis 2017, un vaste mouvement de libération de la parole et surtout une vaste demande visant à (enfin !) écouter les femmes et les victimes de violences sexistes et sexuelles a secoué de très nombreux milieux et cercles sociaux. Le but : alerter sur le caractère systémique et le nombre important de viols et agressions sexuelles et déclencher une prise de conscience sur ce qui rend possible de tels phénomènes. Dans cette continuité, il me semble important de rendre public le nombre sidérant de comportements problématiques voire délictueux dont j'ai eu vent au sein du coaching depuis que j'ai démarré cette enquête.

Au début de l'été 2024, je tente de joindre les dix victimes d'un coach condamné deux ans plus tôt pour agressions sexuelles à trois ans d'emprisonnement dont deux ans avec sursis probatoire. Porte close. « Les victimes ont bien souffert. Elles ne souhaitent qu'une chose : tourner la page », tranche leur avocate. Je respecte, bien sûr. Reste le condamné lui-même. Après plusieurs tentatives, l'homme, 47 ans, finit par décrocher. Il me dit être très marqué par son passage en prison et refuse d'être cité et nommé dans mon livre. Mais il ne se prive pas de me présenter sa version des faits : ce serait une cabale orchestrée pour nuire à son business de coaching. L'exact opposé de ce qu'a retenu la justice.

Le compte-rendu de son passage au tribunal relate plutôt qu'il ciblait une clientèle essentiellement féminine en reprise d'activité professionnelle à qui il proposait des soins basés sur l'hypnose et le développement personnel. Une façade. Au fil des séances, les femmes venues pour une réorientation de carrière ou pour devenir coach elles-mêmes[1] glissaient vers des

1. Dans un article, *L'Express* décrit le cas de sa victime, nommée Émilie : « Désireuse de changer de carrière, elle a rencontré ce coach qui, sous couvert de l'aider à devenir coach elle-même, lui a extorqué des milliers d'euros, mais aussi des faveurs sexuelles. Son mari l'a quittée, et elle a tout perdu », à lire dans : Stéphanie Benz, « Pensée magique, culpabilisation, arnaques… Les dérives du développement personnel », *L'Express*, 27 juillet 2022.

pratiques tantriques douteuses. « Tu dois t'autoriser et tout me dire sans peur, sans tabou. » Plusieurs victimes rapportent que le vocabulaire du développement personnel devenait l'arme pour lever leurs résistances. L'une d'elles raconte comment, sous prétexte de « débloquer des nœuds » au niveau de l'entrejambe, il lui a imposé une pénétration digitale. La défense du coach ? Une relation consentie.

Il n'y pas qu'en matière sexuelle que l'intéressé ne respectait pas le consentement de ses clientes. Plusieurs ont considéré que son offre de « master coaching » reposait sur le dol, c'est-à-dire sur des manœuvres déloyales visant à vicier leur accord. À ce jour, le coach a également été condamné pour escroquerie au préjudice de vingt-six clients[1]. Il s'est aujourd'hui reconverti dans le conseil en marketing digital. Fort d'une communauté de plusieurs dizaines de milliers d'abonnés, il continue de proposer webinaires et accompagnements individuels à distance.

Au sein des entreprises, certains coachs semblent aussi utiliser leur position pour exercer des pressions et violences sexuelles. La Miviludes m'a ainsi décrit le témoignage d'une personne qui « a subi un coaching dans une très grande entreprise ». « Le coach posait des questions totalement déplacées,

1. « Reconnu coupable d'agressions sexuelles et d'escroqueries, un coach condamné à un an de prison ferme », *Sud-Ouest*, 25 octobre 2022.

très axées sur la vie sexuelle. Après la séance, le coach contactait des salariées pour faire des séances en dehors du cadre professionnel. »

La PNL, arme de manipulation massive

Une technique se distingue particulièrement dans l'arsenal manipulatoire des coachs déviants : la programmation neurolinguistique (PNL). Conçue au départ pour améliorer les relations et la communication humaine, la PNL peut être utilisée à mauvais escient. Le psychologue Nicolas Sajus m'explique : « Ce genre d'outils induit des comportements et des attitudes. Ils disent comment penser. Il va rendre suggestible. On va jouer sur le manque d'assertivité de la personne, on va soumettre quelqu'un à son autorité. » Les pratiquants eux-mêmes le perçoivent et le reconnaissent, comme André, coach formé il y a vingt ans dans un centre de formation au coaching réputé appelé le « Dôjô » : la PNL « peut être efficace et utile » comme elle peut également être « un outil parfait entre les mains d'un manipulateur ».

Le psychologue Elwis Potier, auteur d'un article très critique, définit même : « La PNL se présente comme une ingénierie de l'humain où l'autre ne peut être compris que comme un objet à modeler, un instrument au service de sa volonté. » Son confrère Tomasz Witkowski, docteur en psychologie et auteur de *Psychology Gone Wrong*, dénonce aussi[1] : « Les partisans de la PNL encouragent la manipulation des autres. Ils n'ont aucun scrupule à enseigner comment manipuler des personnes, et à encourager l'usage de ces méthodes. [...] L'incitation cynique à la manipulation peut détruire ce qui a de la valeur dans de nombreuses vies. » Ajoutons ces mots du chercheur au CNRS Philippe Breton : « Nul doute que, derrière le jargon [de la PNL], il y ait une réelle compétence à manipuler les relations humaines[2]. »

Cette technique est si puissante qu'elle a été utilisée par des recruteurs terroristes sur les réseaux sociaux[3] et qu'en combinaison avec des outils de propagande elle a servi à conditionner et endoctriner[4]. Des études ont montré comment Daech a utilisé la PNL pour modifier subtilement les cadres mentaux des individus ciblés et leur faire internaliser ses discours idéologiques.

---

1. Thomas Mahler, « Tomasz Witkowski : "La psychologie et le développement personnel ont remplacé la religion" », *L'Express*, 2 août 2022.

2. Philippe Breton, *L'Utopie de la communication*, La Découverte, 1992, p. 131.

3. Robyn Torok, « Four ways social media companies and security agencies can tackle terrorism », *The Conversation*, 7 juin 2017.

4. Robyn Torok, « Symbiotic radicalisation strategies: Propaganda tools and neuro linguistic programming », *8th Australian Security and Intelligence Conference*, Edith Cowan University, Perth, 30 novembre-2 décembre 2015, p. 58-65.

Elle a donc logiquement été utilisée dans la plupart des communautés organisées où des hommes considèrent les femmes comme des êtres à dominer et cherchent des techniques permettant de les faire céder. Dans *Les Secrets d'un virtuose de la drague* (2005), livre de référence pour les coachs en séduction, Neil Strauss présente la PNL comme un outil infaillible pour convaincre n'importe quelle « proie » de coucher avec vous. Le manuel s'est vendu à plusieurs millions d'exemplaires.

Dans le documentaire Netflix *I Am Not Your Guru*, Tony Robbins, coach et figure tutélaire de la PNL, interroge devant plus de deux mille personnes une femme en difficulté relationnelle. Son diagnostic est imprégné de stéréotypes sur les relations hommes-femmes : si son ex parlait trop peu, c'est « normal, c'est un homme » ; si son nouveau compagnon parle trop, c'est qu'elle a « trouvé un homme féminin ». Robbins se montre soudainement très directif et demande à cette femme de quitter son conjoint en direct au téléphone et devant toute la salle. Elle s'exécute. Le même Tony Robbins est accusé d'avoir utilisé ses techniques dans un but sexuel[1], ce qu'il conteste.

1. Katie J. M. Baker, « Tony Robbins Accused of Sexually Assaulting a Teenager at a Summer Camp », *BuzzFeed News*, 7 mai 2019.

Pire, la PNL fait explicitement partie de l'arsenal des masculinistes. Dans les années 1990, Ross Jeffries, élève du cofondateur de la PNL Richard Bandler, développe la *Speed Seduction*, fusion d'hypnose et de PNL conçue pour conquérir. L'anthropologue Mélanie Gourarier, qui a enquêté sur une communauté masculiniste appelée *communauté de la séduction*, a démontré[1] que cette communauté s'est inspirée « des méthodes de coaching et du développement personnel » pour établir ses techniques destinées à profiter des femmes autant qu'à se venger de leur prétendu pouvoir grandissant dans la société.

L'affaire d'un « coach en séduction » français, qui se vantait sur YouTube de pouvoir apprendre des méthodes de communication et de séduction infaillibles, illustre le potentiel meurtrier de cette idéologie. Il a été condamné à perpétuité en 2023 pour avoir assassiné son ex-compagne de quatre-vingts coups de couteau. Sa haine des femmes, théorisée dans ses coachings ouvertement misogynes, s'est tragiquement concrétisée.

Et d'autres coachs et star du développement personnel sont visés par des enquêtes qui mettent en lumière le rapport de domination qu'ils entre-

---

1. « Les mâles dominants contre-attaquent », *L'ADN*, 9 janvier 2018.

tiennent avec les femmes. Selon deux enquêtes de France Info[1], neuf femmes accusent Jacques Salomé de violences sexuelles dont quatre ont déposé plainte contre le fondateur de la méthode ESPERE. Ces plaintes mentionnent des accusations de viols, agressions sexuelles ainsi que d'escroquerie concernant des faits allégués s'étalant de 1985 à 1995. Une plainte fait actuellement l'objet d'investigations au parquet d'Avignon après recours, tandis que la quatrième plainte, déposée en juin 2025, est en cours de traitement.

Jacques Salomé bénéficie bien sûr de la présomption d'innocence et a « réfuté toutes les accusations » par le biais de son épouse, son état de santé ne lui permettant pas de s'exprimer directement.

Pour comprendre sa situation judiciaire, il faut savoir qu'une circulaire a modifié en 2021 la pratique judiciaire concernant les accusations de violences sexuelles prescrites. Il est désormais recommandé d'ouvrir des enquêtes même en cas de prescription, afin de découvrir l'existence de potentielles autres victimes et de constituer un faisceau d'indices pouvant confirmer un mode

1. Lire l'enquête édifiante de Catherine Fournier, « "Tu vas dire oui à tout ce qui va se passer" : le psychosociologue Jacques Salomé accusé de viols et d'agressions sexuelles par cinq femmes », *Franceinfo*, 5 février 2025, et Victor Tribot Laspière, « Le psychosociologue Jacques Salomé accusé de viols et d'agressions sexuelles par cinq femmes », *France Bleu*, 5 février 2025.

opératoire répété. C'est sur cette base que la justice rouvre des investigations sur certaines accusations classées. En l'occurrence, la dernière plainte contre Jacques Salomé a été déposée à la suite de l'enquête journalistique de France Info. Depuis, la journaliste Catherine Fournier dit avoir reçu d'autres témoignages de la part de femmes dénonçant des faits de viol et d'agression sexuelle par Jacques Salomé, faits qui seraient anciens et pour lesquelles elles n'auraient pas porté plainte.

L'une des personnes ayant porté plainte contre Jacques Salomé l'avait consulté après avoir été violée par son propre père. Sans moyens pour payer ses services, elle accepte de travailler pour lui, en position de dépendance. D'autres coachs mis en cause pour des faits similaires, dont ceux de la secte de coaching The Lighthouse, ont par ailleurs spécifiquement choisi pour cibles des femmes déjà victimes de violences sexuelles[1].

Le témoignage le plus édifiant vient d'une cliente à qui Jacques Salomé aurait imposé une soumission totale sous couvert d'accompagnement thérapeutique. Elle décrit un état de « confusion » entretenu par les doctrines du maître à penser, qui martèle que l'on est « partie prenante de tout ce

1. Catrin Nye, Natalie Truswell et Jamie Bartlett, « A Very British Cult: Inside Lighthouse, the life coaching cult that takes over lives », *BBC News*, 5 avril 2023.

qui nous arrive ». Responsable, donc, des fellations imposées qu'elle dit avoir fini par accepter comme partie de sa propre thérapie ? Une autre victime rapporte ses injonctions : « Tu vas dire "oui" à tout ce qui va se passer », « exprime ton désir sinon tu peux avoir un cancer ». Quelle meilleure démonstration de l'utilisation de la pensée positive comme arme de domination masculine ? Une autre plaignante dit avoir subi des attouchements de la part de Jacques Salomé pendant une séance de *rebirth* – née dans le milieu de l'analyse transactionnelle et dont se revendique Jacques Salomé sur son site Internet[1] – une technique de thérapie alternative controversée qui consiste à revivre et/ou guérir des traumatismes de l'enfance en faisant des expériences de conscience modifiée via la respiration.

Du coaching à l'esclavage sexuel

L'affaire Jacques Salomé montre comment certaines méthodes et formations du coaching, conçues pour améliorer les relations, peuvent être utilisées pour manipuler et tromper.

1. Dominique Boussat-Letard, « Principes et outils de base de la Méthode ESPERE® », sur le site de Jacques Salomé.

C'est exactement le parcours suivi par Gabriel Loison, ce pseudo-thérapeute condamné en 2014 puis en 2022 pour agressions sexuelles et viols et décrit comme un maître de l'emprise[1]. D'où lui vient ce talent ? Piètre délinquant, condamné en 1964 à quinze ans de prison pour le braquage à main armée d'un postier – dont il se dit innocent[2] –, il se forme en prison au métier de formateur en entreprise et, pour ce faire, découvre des méthodes de psychologie alternative mais aussi des techniques de sujétion psychologique et de manipulation. À sa sortie, il devient « l'un des pionniers du coaching », expert autoproclamé capable de « redynamiser les cadres déprimés »[3]. L'argent afflue – plus de trois millions d'euros en quelques années – mais aussi les accusations d'escroquerie[4], pour lesquelles il n'a pas été condamné. Il quitte alors le monde des affaires pour devenir gourou de communautés New Age comme les « Jardins de la vie » (répertoriés comme

1. Nathalie Hamon, « Loire-Atlantique. Le défilé des anciens adeptes devant la cour criminelle », *Ouest-France*, 31 mai 2025.

2. Rédaction *Courrier du pays de Retz*, « Loire-Atlantique : l'ancien gourou Gabriel Loison jugé pour de nouveaux viols », *Actu.fr*, 30 mai 2022.

3. Nicolas Deliez, « Les étranges méthodes d'un guérisseur », *66 minutes*, M6, Tony Comiti Productions, 19 août 2012.

4. « Le gourou, sa compagne et leur université du viol », *Le Parisien*, 15 janvier 2014.

secte en France en 1995) ou « l'Université de la nature, de l'écologie et de la relation ».

Grâce à des discours ésotériques et des techniques éprouvées, il réunit des centaines d'adeptes prêts à débourser des milliers d'euros pour participer à ses stages, et convainc certaines de devenir ses esclaves sexuelles. L'un de ses outils ? De prétendus questionnaires de personnalité qui poussaient les adeptes à se dévoiler : « Ce questionnaire lui permettait de détenir des secrets sur les personnes du groupe, leurs angoisses, leur état de santé, leur sexualité, leur relationnel, leurs centres d'intérêt », a expliqué un enquêteur spécialisé dans les dérives sectaires. Une autre enquêtrice a indiqué qu'il utilisait ces prétendus questionnaires de personnalité pour « déceler [les] failles » de ses cibles et « orienter son discours » en fonction. Gabriel Loison a travaillé pendant plusieurs années avec une femme, qui est devenue sa compagne mais aussi son « agent d'exécution[1] » jusqu'à être coaccusée de viols sur une mineure.

Ce schéma fait écho à une autre affaire sordide : celle de la secte du « coach de vie » et « conférencier en développement personnel » Keith Raniere, qui s'est longtemps présenté comme l'une des personnes au plus haut QI au monde. À la fin des

1. Manon Prigent, *La Moitié du gourou*, série documentaire, ARTE Radio, 2024.

années 1990, il crée un programme de mentorat, de formation et de coaching destiné à « révéler son plein potentiel » appelé *Executive Success Program* (ESP), qui connaît un succès important et attire plus de seize mille clients, principalement des personnalités du monde des affaires, du sport et de la politique.

Sa marque de fabrique ? Formé en 1994 à plusieurs méthodes classiques du coaching, dont la PNL[1] et l'hypnose, il maîtrise parfaitement un jargon pseudo-scientifique et adopte sur scène une attitude théâtrale proche d'un prédicateur évangélique. Il peut alors vendre des formations à une partie de ses adeptes. Sauf qu'après chaque module coûteux validé, un autre, plus onéreux encore, est proposé.

Une ancienne victime, Sarah Edmondson explique[2] que c'est justement le fait d'avoir beaucoup dépensé qui l'a poussée à rester dans ce système et à dépenser encore plus : « Lorsque vous dépensez trois mille dollars pour une formation de cinq jours, [...] vous vous persuadez que votre choix est le bon. [...] Une partie de moi voulait avoir raison. » Les mantras répétés inlassablement

1. Marie-Michèle Giguère, « NXIVM : Une secte de croissance personnelle », dans *Fidèles sous emprise*, ICI Radio-Canada OHdio, 8 janvier 2025.

2. Sarah Edmondson, « Comment j'ai rejoint une société secrète qui m'a mutilée », *VICE*, 24 octobre 2017.

achèvent de rendre docile : vous êtes responsable de tout ce qui vous arrive, vos doutes sont le seul obstacle à votre réussite.

Raniere a même utilisé ses talents de manipulateur pour créer une société secrète vouée à recruter et contraindre des femmes dans un système d'esclavage sexuel. Comme Gabriel Loison, il a choisi des femmes pour le seconder dans ces sombres manœuvres. La richissime héritière Claire Bronfman lui a versé plus de cent cinquante millions de dollars[1], tandis que l'actrice Allison Mack, connue pour son rôle dans la série *Smallville*, est devenue une recruteuse clé pour cette secte. Totalement endoctrinée, elle s'est montrée[2] « incroyablement intimidante et cruelle » avec des dizaines de femmes qu'elle a convaincues d'obéir aux désirs sexuels de Keith Raniere. Une pratique sordide traduit le niveau de torture imposé à ces femmes : l'un des rituels d'initiation consistait à marquer au fer rouge les initiales de Keith Raniere sur leur pubis. Ce dernier a été condamné en 2020 à cent vingt ans de prison ainsi qu'à une amende de 1,75 million de dollars.

1. Barry Meier, « Charges Filed Against Leader of Secretive Group Where Women Were Branded », *The New York Times*, 26 mars 2018.

2. Scott Johnson et Rebecca Sun, « How "Smallville"'s Allison Mack Went From Actress to Sex Cult "Slaver" », *The Hollywood Reporter*, 16 mai 2018.

Réformer le coaching ?

Ces cas, bien qu'extrêmes, révèlent des problèmes qui sont structurels dans l'écosystème du coaching et auxquels il faudrait s'attaquer. Le premier est la relation intrinsèquement verticale entre coach et coaché·e, particulièrement lorsque le ou la premier·ère jouit d'une notoriété importante[1]. Un problème déjà pris au sérieux dans d'autres secteurs de l'industrie du bien-être. Face au caractère systémique des agressions et viols dans le milieu du yoga, l'universitaire britannique Theodora Wildcroft a par exemple choisi de questionner l'organisation de la transmission des connaissances dans le yoga[2]. Elle plaide aujourd'hui pour des espaces et communautés basés davantage sur des réseaux de pairs que sur des structures de leadership hiérarchique. Pourquoi ne pas étendre cette démarche à d'autres domaines de l'accompagnement et du bien-être, dont le coaching ?

Il convient aussi de questionner les stéréotypes de genre dans ce milieu. En 2022, la psychologue du travail et coach Noémie Le Menn a tenté de mesurer le phénomène, partant du constat que

---

1. Dans un texte toujours en ligne, on constate que l'un d'eux, le coach condamné pour agressions sexuelles et escroqueries, se faisait appeler « le Maître », voir « Master Coaching », *Top10Place*.

2. Theodora Wildcroft, *Post-Lineage Yoga: From Guru to #MeToo*, Equinox Publishing, 2020.

le sexisme est encore un angle mort dans son domaine, notamment du fait que persistent des croyances sexistes selon lesquelles « une femme a moins d'autorité et de leadership qu'un homme "par nature" ».

Son étude intitulée « Le coaching et sa supervision sont-ils sexistes ? » livre des résultats éloquents, basés sur un questionnaire de quarante questions proposé à des coachs et superviseurs ignorant le sujet de l'enquête. Le bilan est sans appel : 92 % des coachs ont exprimé au moins une croyance sexiste, et la plupart ont surévalué leurs connaissances sur ce sujet (exception faite des femmes superviseuses, plus nombreuses à se sous-évaluer). Conclusion, les coachs sont au moins aussi imprégnés par des stéréotypes de genre que le reste de la population et devraient travailler sur le sujet pour s'en défaire.

Sauf que le coaching gomme autant ces stéréotypes que leur impact. Dès 2013, la sociologue Hélène Stevens pointait que « l'approche psychologisante » du coaching contribuait à « ignorer complètement les processus de socialisation, inscrits dans des rapports sociaux qui ont construit les dispositions des participants ». Elle illustrait son propos : « Lorsqu'il s'agit de mobiliser des expériences situées en dehors du travail, personne n'interroge le fait que les femmes mettent en avant des activités de soutien scolaire, d'expression artistique ou de bénévolat, qu'elles traduisent en compétences d'écoute ou d'altruisme ; tandis que les hommes valorisent des savoir-faire techniques ou un sens des responsabilités développé dans un engagement municipal. » Conséquence de ces tendances ? « L'ordre social et sexué est ainsi reproduit », concluait la sociologue.

En dehors des entreprises aussi, ces différences de genre sautent aux yeux. Les coachs installés à Dubaï ou Maurice, dont le discours s'articule autour de la liberté et du succès commercial, attirent essentiellement une clientèle masculine. À l'inverse, ma coach, comme beaucoup de coachs centrés sur la spiritualité établis à Bali, a presque exclusivement des clientes femmes.

Une bonne partie de ces gens sont malheureusement hostiles à tout travail de réflexion sur les stéréotypes de genre. Je ne compte plus les contenus encourageant à adopter une posture « masculine » dans les affaires (comprendre : conquérante), ou guidant les femmes vers leur « énergie vitale » pour que leur entreprise « devienne fertile ».

Ma coach, de son côté, invite ses clientes à se reconnecter à leur « énergie féminine » et prône des notions comme celle de « féminin sacré ». Dans ses podcasts, on peut entendre des phrases essentialisantes comme « toute femme a une essence maternelle en elle ». Est-ce ce qui nourrit chez elle une telle haine du mouvement de remise en cause des stéréotypes de genre (qu'elle appelle le wokisme) ? À tel point qu'elle en vient à soutenir Donald Trump, un dirigeant fasciste, misogyne et violent avec les femmes et partisan de la déportation de masse des personnes étrangères ?

PETITE GÉNÉALOGIE DU COACHING

Étape 4, fin du voyage : Paris, 1972

L'effervescence californienne n'est pas restée cantonnée au Nouveau Monde. Au printemps 1972, tandis que Georges Pompidou inaugure l'aéroport de Roissy, un petit groupe d'hommes tentent d'implanter dans le 16e arrondissement parisien la philosophie née à Big Sur une décennie plus tôt. Le Centre de développement du potentiel humain (CDPH) ouvre ses portes. La sociologue Scarlett Salman, autrice de l'excellent Aux bons soins du capitalisme, *dresse le portrait de ses fondateurs : des fils de la bourgeoisie en révolte, souvent diplômés d'HEC, souvent aussi touchés par Mai 68 et rejetant leur héritage familial « bourgeois, traditionnel, catholique » au nom de « l'aspiration à se réaliser ». Ironie du sort : ces rebelles allaient devenir les architectes de ce qui deviendra un nouvel establishment, et la pépinière de la première génération de coachs français·es.*

Parmi eux figurait **Vincent Lenhardt**, *très souvent présenté comme le « premier coach de France ». C'est aussi le cas du coach* **Olivier Devillard**, *fondateur de la Société française de coaching, mais aussi du Syndicat national des praticiens en psychothérapie (SNPPsy), une structure ayant, selon la sociologue Scarlett Salman, « tenté de contourner les acteurs légitimes dans le champ de la santé mentale[1] ». Cette génération fondatrice du coaching français comprend des personnalités qui assument sans complexe de mêler théories managériales rigoureuses et spiritualités New Age les plus fantaisistes[2]. L'exemple le plus saisissant reste celui de Michel Giffard, fondateur en 2003 de la prestigieuse École de coaching HEC Paris. Dans son ouvrage* DRH, la machine à broyer, *Didier Bille révèle que ce même homme a pratiqué « la psychomagie, la voyance, la marche sur le feu, la radiesthésie, le magnétisme, la*

1. Scarlett Salman, *Aux bons soins du capitalisme. Le coaching en entreprise*, Presses de Sciences Po, 2021.

2. Françoise Champion et Xavier Briffault, « Le coaching, "bâtard" du potentiel humain pour l'individu transformable », *Communication & Organisation*, n° 29, 2006.

résonance morphique, la numérologie »[1] *et a été auteur du livre* Le tarot, outil de management.

Tandis que les premiers coachs intégraient les entreprises françaises, une autre importation américaine prenait racine dans l'Hexagone : le marketing de réseau. Son principal émissaire, figure aussi fascinante que trouble, s'appelait Jean Godzich. Le fondateur du Groupement européen des professionnels du marketing (GEPM) bâtit à l'époque un empire commercial pour lequel ont travaillé pas moins de 200 000 personnes en France. Le tout sur un modèle que ses détracteurs qualifient de pyramidal[2] *: son système reposait en effet sur des « vendeurs distributeurs indépendants » (VDI) touchant une commission non seulement sur leurs ventes personnelles, mais sur celles de leurs recrues, ce qui n'était pas illégal à l'époque.*

En 1998, Libération[3] *décrivait l'emprise au sein de l'entreprise sous prétexte de discours motivationnels : « N'écoute pas, ils t'empêchent de rêver, tu vas réussir ! » disait un membre*

1. Didier Bille, *DRH, la machine à broyer*, Cherche Midi, 2018.
2. « Les étranges pratiques du Groupement », *Le Monde*, 3 novembre 1994.
3. Catherine Coroller, « Les méthodes de secte du Groupement », *Libération*, 21 juillet 1998.

du Groupement à un vendeur que des proches tentaient de raisonner. Jean Godzich, accusé d'avoir fui aux États-Unis avec plusieurs dizaines de millions d'euros[1]*, fut condamné en 2016 à deux ans de prison et 150 000 euros d'amende*[2]*. Le modèle continue à inspirer. En 2017,* StreetPress[3] *dévoilait le fonctionnement d'une société « controversée » fondée par d'anciens vendeurs et proches de Jean Godzich.*

Entre spiritualité et capitalisme, entre développement personnel et manipulation commerciale, entre recherche d'épanouissement et rapports de domination voire d'emprise, le coaching contemporain s'inscrit dans une généalogie troublante mais cohérente. Héritier d'une longue lignée de prophètes du succès, sans fondement scientifique, il perpétue une vieille industrie : celle qui transforme l'espoir en marchandise.

1. « L'ancien patron du GEPM rattrapé par la justice », UNADFI, 14 septembre 2016.

2. 2. « Condamnation pour l'ancien patron du GEPM », UNADFI, 12 octobre 2016.

3. Marius Rivière, « François Fillon se fait le VRP d'une société controversée », *StreetPress*, 7 février 2017.

X

En bande organisée

Surveiller, punir, tuer

« Ça va, c'est pas une secte non plus. » Je ne compte plus le nombre de fois où j'ai entendu ces mots depuis le début de mes enquêtes sur le coaching. Mais qu'est-ce qu'une secte, au juste ? Oubliez le cliché du temple enfumé d'encens ou du gourou en toge et tongs. On a pu voir des dérives sectaires dans les lieux les plus insoupçonnés – des instituts de médecines alternatives aux salles de réunion des entreprises, en passant par ces coûteux séminaires où l'on vous promet de « révéler votre plein potentiel » – et cette tendance s'est probablement accélérée depuis la crise sanitaire du Covid-19, les signalements pour dérives sectaires ayant plus que doublé entre 2015 et 2025 selon la Miviludes.

Comment les repérer ? Contrairement aux idées reçues, la Miviludes ne lutte pas contre des sectes. Elle identifie et alerte contre des comportements dangereux que l'on qualifie de dérives sectaires. C'est à ce titre qu'elle peut pointer les risques que présentent certaines pratiques ou techniques. L'organisme ministériel, en manque de moyens depuis plusieurs années, informe à travers ses rapports et répond aux sollicitations et signalements de dérives. Parfois, elle est alertée d'infractions pénales qu'elle transmet aux autorités : « Malheureusement, ça arrive régulièrement dans le domaine du coaching. Et ce qu'on découvre en cas de dérives sectaires est souvent particulièrement grave. »

Dans le lot des signalements, lui remontent aussi des dizaines de situations non répréhensibles pénalement mais qui n'en restent pas moins problématiques. La Miviludes m'a rapporté le cas de cette salariée qui a préféré démissionner, étouffée par l'omniprésence des rituels de développement personnel instaurés par sa direction : « On faisait brûler de la sauge, on brûlait des petits papiers pour exorciser des situations qui s'étaient mal passées. » Surtout, cette salariée décrit un véritable système mis en place au sein de sa boîte pour contraindre les salarié·es à adhérer : « Les personnes qui quittent cette entreprise, c'est comme si elles quittaient un clan, on leur donne un nom particulier [qu'on ne cite pas ici par souci de confidentialité].

Ça se passe très mal. Je pense que certains collègues sont sous emprise. J'ai particulièrement des craintes pour les plus jeunes ou même pour nos clients. »

Les critères d'alerte de la Miviludes[1] *:*

– la déstabilisation mentale – qui se manifeste par une perte de repères et d'esprit critique ;

– la rupture avec l'environnement familial ou amical ;

– les exigences financières exorbitantes et les atteintes à l'intégrité physique et psychique (humiliations, comportements forcés par la menace de sanctions ou d'exclusion, violences psychologiques, physiques et/ou sexuelles, privations de sommeil et/ou de nourriture)

– le discours antisocial avec la diabolisation du monde extérieur ;

– les troubles à l'ordre public ou l'éventuel détournement des circuits économiques traditionnels ;

– les tentatives d'infiltration des pouvoirs publics et des milieux économiques.

1. Il est possible de signaler une dérive via ce formulaire https://contacts-demarches.interieur.gouv.fr/miviludes/informer-la-miviludes-d-une-derive-sectaire/.

Des centaines de milliers d'euros de formation

Dérive sectaire ? En tout cas, on dépasse le simple rapport toxique entre un·e coach et quelques individus isolés. C'est l'entreprise entière qui bascule sous l'autorité de coachs et conseillers·ères passionné·es par leurs croyances et/ou par le développement personnel. Face à cette situation, le dirigeant de la Miviludes s'interroge : « Ce qui me pose question, c'est la capacité de prévention. Il y a des discussions, évidemment, mais elles restent souvent en interne dans les entreprises. »

Ces discussions internes deviennent parfois publiques. C'est ainsi qu'à l'été 2023 une affaire a secoué l'ouest de la France. Trois médias indépendants – *La Lettre à Lulu* (Nantes), *La Topette* (Angers) et *Le Sans-Culotte* (Vendée) – révélaient que plusieurs dizaines de grandes entreprises de l'Ouest, dont le géant de l'agroalimentaire Fleury Michon, avaient fait de l'ennéagramme l'alpha et l'oméga de leur gestion des ressources humaines. Or, on l'a vu, ce test de personnalité aux allures pseudo-philosophiques n'a jamais été validé scientifiquement.

Le prix de cette foi ? Astronomique. D'après les documents que j'ai consultés, Fleury Michon déboursait depuis 2018 des sommes pouvant dépasser les 160 000 euros annuels – on note des dépenses de 135 000 euros pour former 55 salariés au « Niveau 1 », ainsi que 25 000 euros pour initier seulement 10 cadres privilégiés au « Niveau 2 ». Sollicité par mes soins, le groupe a tranché : « Fleury Michon ne souhaite pas s'exprimer sur ce sujet. »

À la CGT de l'entreprise, on me dépeint un système où l'ennéagramme régit les carrières. « Des recrutements se faisaient sur la base de l'ennéagramme pour identifier les bons collaborateurs. Des personnes salariées se sont entendu dire qu'elles n'avaient plus leur place parce qu'elles n'ont pas obtenu le bon numéro au test », s'indigne un représentant syndical. Là encore, m'assure-t-on, le tout donne lieu à des séances de « déballage intime » de difficultés personnelles et/ou familiales par des salarié·es.

Le syndicat dénonce également la multiplication des tests de personnalité douteux type MBTI, avec leur lot de dérives : « Une salariée qui a osé critiquer le MBTI a été sanctionnée dans la foulée. » L'amertume est d'autant plus vive que, parallèlement, des salariés doivent « financer des formations certifiantes et à l'utilité vraiment reconnue avec leur compte formation personnel, faute de budget disponible dans l'entreprise ».

Ce conflit autour des méthodes de management s'inscrit dans une guerre plus large entre direction et syndicat. Dans un courrier que j'ai consulté, daté de février 2024, la première reproche au second un comportement « virulent ». La CGT dénonce de son côté « des formes caractérisées de répression syndicale » et pointe du doigt « de nombreux accidents du travail et maladies professionnelles » qui affectent les salariés[1] selon ses dires. La frustration est palpable : ces centaines de milliers d'euros engloutis dans des tests de personnalité auraient pu financer une prévention des risques professionnels autrement plus tangible.

Interrogé lors d'un CSE en septembre 2023 (une instance représentative du personnel), la direction a soutenu que l'ennéagramme est simplement cité par la Miviludes, « sans accusation de dérives sectaires », et constituerait une innocente méthode « pour apprendre à se connaître ». Ce qui est inexact, puisque la Miviludes l'a explicitement répertorié depuis 2010 sur une page de son site Internet où sont listées des méthodes qui peuvent « présenter un risque sectaire ».

---

1. Le syndicat a d'ailleurs défendu avec succès plusieurs employés licenciés. En juin 2022, un salarié a été licencié pour faute grave, accusé – ce qu'il conteste – de harcèlement envers son supérieur. Le conseil des prud'hommes a jugé que le licenciement pour faute grave n'était pas justifié et l'a requalifié en licenciement sans cause réelle et sérieuse, condamnant Fleury Michon à verser au salarié des indemnités, un rappel de salaire et des dommages et intérêts.

Des infiltrations répétées

La CGT, dont les représentants ont multiplié les échanges avec diverses organisations de lutte contre les dérives sectaires, livre une analyse inquiétante : « Les promoteurs de l'ennéagramme sont connus pour leur stratégie d'infiltration des entreprises. Ils ciblent d'abord les postes à responsabilité, puis s'emploient méthodiquement à neutraliser toute forme d'opposition interne. Ce que nous observons chez Fleury Michon correspond exactement à ce schéma. » Plusieurs syndicalistes ayant contesté ces pratiques auraient selon la CGT été convoqués ou sanctionnés par la direction. Qui aurait à ce jour tout de même décidé de remplacer les formations ennéagramme par une autre, appelée DISC, à qui l'on reproche également d'être non scientifique et de laisser place à des dérives.

Dans les entreprises, l'infiltration de ce genre de dérives via le coaching et la formation est fréquente et ne date pas d'hier. En 1995, des organisations syndicales révélaient que des organisations mystico-religieuses avaient pénétré EDF via des stages de formation et d'accompagnement des salariés[1]. Un autoproclamé « formateur de formateurs » y dispensait des tests ennéagramme – déjà –

1. « Des organismes mystico-religieux formaient des cadres d'EDF », *L'Humanité*, 30 décembre 1995.

tandis que la centrale nucléaire du Bugey finançait des séminaires d'une structure nommée Avatar[1], considérée comme sectaire par un rapport parlementaire[2] qui compare ses pratiques à du « lavage de cerveau ». Chez IBM, un autre rapport parlementaire signalait en 1999 qu'une organisation à caractère sectaire avait vendu pour des centaines de milliers de francs des formations intitulées « Leader pour réussir ». Ces sessions avaient « déclenché une vaste polémique au sein du groupe et seraient à l'origine du suicide d'un salarié », précisaient les parlementaires.

Bien d'autres cas plus récents ont été signalés. En 2018, c'est la CGT d'Enedis – filiale d'EDF, décidément – qui dénonçait lors d'un comité central d'entreprise (CCE) le financement exorbitant de sociétés de coaching aux méthodes ésotériques, dont plusieurs structures gérées par des adeptes de l'ennéagramme[3].

1. Contactée pour notre enquête, la structure Avatar n'a pas répondu à nos sollicitations.

2. Assemblée nationale, « Les sectes et l'argent », rapport n° 1687, Commission d'enquête sur la situation financière, patrimoniale et fiscale des sectes, présidée par Jacques Guyard, rapporteur Jean-Pierre Brard, 10 juin 1999.

3. Contacté, le service de presse d'Enedis m'a assuré que l'entreprise « encadre avec rigueur ses pratiques d'accompagnement professionnel, dans le respect de ses valeurs et de ses exigences de qualité ». Enedis précise que les marchés de coaching sont soumis à un appel d'offres national qui inclut « un contrôle éthique renforcé ».

Un manager d'Enedis, formé au coaching, promouvait diverses pratiques alternatives comme la Biodanza[1], déjà dans le collimateur de la Miviludes.

Des gourous du CAC 40 ?

Plus récemment, en 2023, *Le Monde* et *La Lettre A*[2] dévoilaient les dessous des missions de coaching « à grands frais » d'un spécialiste de l'innovation, Pierre Pezziardi. Pour un programme d'incubation de « start-up d'État », ce dernier a remporté des marchés publics de 3,1 millions d'euros sur trois ans, s'octroyant une rémunération personnelle de 19 000 euros mensuels. L'affaire a soulevé de sérieuses questions sur l'utilité réelle de ces prestations et sur des conflits d'intérêts potentiels.

À l'été 2024, lors du procès de l'ancien patron d'EDF (oui, encore !) Henri Proglio, le rôle d'un autre coach influent fut mis en lumière. David Gutmann[3], à la fois propriétaire viticole et moniteur

1. Marion Deye, « Ennéagramme, Biodanza… Quand le management "alternatif" continue d'électriser la galaxie EDF », *La lettre*, 12 novembre 2018.

2. Adrien Sénécat, « Derrière les "start-up d'État", les bonnes affaires de l'entrepreneur Pierre Pezziardi », *Le Monde*, 26 juin 2023 ; Elsa Trujillo, « Le coaching à grands frais de Pierre Pezziardi, propulsé stratège du numérique de l'État », *La Lettre*, 6 mars 2023.

3. Marion Deye, « Révélations sur David Gutmann, le gourou qui coachait les dirigeants d'EDF à prix d'or », *L'Informé*, 11 juin 2024.

de ski, avait été pendant plus de trois décennies le coach personnel de la majorité des dirigeants de l'électricien français, entre autres grands patrons. Ses contrats, particulièrement lucratifs[1] – entre 30 000 et 50 000 euros annuels par dirigeant coaché[2] – lui ont permis de facturer 1,25 million d'euros sur cinq ans. Qualifié de « gourou » et de « faiseur de roi », son influence était telle qu'un ancien coaché confie dans *L'Informé* : « Certaines de ses méthodes frôlaient la manipulation psychique. Plusieurs managers en sont sortis très déstabilisés, voire profondément fragilisés. » Et gare à ceux qui le contestaient : « Sa proximité avec le top management lui donnait un vrai pouvoir de nuisance envers ceux qui n'adhéraient pas à ses enseignements. »

1. Si son activité a été contrôlée par le parquet national financier (PNF) dans le cadre de l'enquête sur les contrats de conseil passés sans appel d'offres par EDF, David Gutmann n'est pas poursuivi dans cette affaire, puisque le PNF a choisi d'absoudre du chef de recel de favoritisme les prestataires dont les contrats avec EDF étaient inférieurs à environ 400 000 euros, seuil à partir duquel une procédure d'appel d'offres doit être formalisée, indiquait *L'Informé* en juillet 2024. Contacté pour cette enquête, David Gutmann n'a pas répondu à notre sollicitation.

2. « David Gutmann, le gourou qui a infiltré EDF », *Mediapart*, 25 juillet 2015.

Ainsi parlent les coachs et les coaché·es

Le terme de « gourou » est-il justifié dans ces situations ? Pour le savoir, il faut se tourner vers les personnes qui suivent et croient ces leaders charismatiques. Et il faut les écouter. Car l'influence exercée s'entend souvent au vocabulaire spécifique qu'elles adoptent. Le phénomène est décrypté par la linguiste Amanda Montell dans son ouvrage *Cultish. The Language of Fanaticism*. Après avoir étudié des groupes aussi divers que la Scientologie, la secte Heaven's Gate, les réseaux de vente pyramidale, les groupuscules QAnon ou certaines sociétés de coaching sportif, elle constate des similitudes frappantes : entrer dans ces mouvements, c'est adopter non seulement un projet de vie, mais aussi un vocabulaire qui vous distingue. Ce nouveau langage crée un sentiment d'appartenance, engendre une dépendance et peut même vous pousser à agir contre vos valeurs initiales.

Deux coachs m'ont raconté avoir constaté ce phénomène chez leurs proches coachés·es. André, coach depuis vingt ans et qui a eu pour clients de grandes entreprises françaises, a accepté de témoigner sous le sceau de l'anonymat. Formé au coaching dans les années 2000, il était loin d'imaginer la dérive qu'allait connaître une partie de sa profession. Son associée, coach également, a dit-il basculé dans ce qu'il appelle « le New Age intégral ». Il dit surtout l'avoir vue changer de façon de parler, de vocabulaire, de vision du monde. Il estime qu'elle est sous emprise de sa formatrice, coach, femme d'affaires et thérapeute vendant aux femmes la découverte de leur « déesse intérieure » et de leur « féminin sacré » autant qu'elle tente d'en exercer une sur certains de ses clients, auprès de qui elle se présente désormais comme « une prêtresse de l'infinie renouvellement ». André accuse également son ex-associée de pratiques illégales, notamment d'avoir « siphonné » les fonds d'un cabinet de conseil, et a décidé de fermer son entreprise pour ne plus être associé à elle.

Selon André, elle anime désormais des formations à destination des femmes dans lesquelles elle enseigne que l'eau doit être dynamisée pour retrouver son énergie vibratoire. Les entreprises payent. Et pas des petites structures : « Des grosses boîtes, dont l'une des plus grosses multinationales de l'agroalimentaire français, ont fait appel à elle. » Logique, selon André, qui avance : « Les gens et les boîtes ne demandent jamais à voir nos titres, nos certifications. » Sa conclusion : le coaching demande une attention permanente aux professionnels pour ne pas basculer dans la « toute-puissance », puisqu'il expose des gens qui mettent en scène leur confiance en eux face à « beaucoup de gens qui sont en difficulté, parfois partis en sucette ». Selon lui, la profession attire au contraire « des personnalités narcissiques », qui sont confortées en permanence dans leur amour d'elles-mêmes : « Être payé cinq cents euros de l'heure, accompagner des grands cadres dirigeants, ça flatte l'ego… »

Éric, conseiller en entreprise, est de son côté accompagné par le CAFFES et la Miviludes après avoir vu son ex-épouse sombrer sous l'emprise de coachs. Elle avait d'abord marché sur le feu avec Tony Robbins, multiplié les recherches en coaching pour « développer son leadership ». Puis elle a découvert l'institut de coaching SANE (Système d'Alignement Neuro-Émotionnel). En deux ans, entre 2016 et 2018, le couple y a dépensé près de cinquante mille euros pour des séminaires, des formations et du coaching. Selon Éric, c'est l'emprise de cet institut qui a poussé son ex-épouse à couper les ponts avec sa famille et délaisser son activité professionnelle jusqu'à la mise en faillite de sa société. Éric a déposé une plainte pénale contre le SANE[1], partageant avec les enquêteurs les contenus vidéo et écrits de l'institut.

Selon une synthèse réalisée par le CAFFES pour accompagner Éric et dont j'ai pris connaissance, on retrouve un argument inquiétant à plusieurs

1. L'institut, qui n'a pas répondu à nos sollicitations, aurait déposé deux plaintes contre Éric pour « diffamation et harcèlement ».

reprises dans le corpus de cet institut : il serait possible de « changer de fréquence radio », de « se tuner à une autre fréquence ». Il est donc conseillé de changer de fréquence vibratoire pour attirer ce dont on a besoin. On devra ainsi fréquenter des gens riches[1], qui nous mettront dans l'état vibratoire optimal pour le devenir soi-même. Ce jargon vise, selon le CAFFES, à préparer les clients au désaccord de leur entourage et à s'en séparer. Son ex-épouse est désormais une coach influente, suivie par plusieurs centaines de milliers de personnes sur les réseaux où elle se dit en mesure de « sentir les âmes du passé ». Ce jargon et ces valeurs, Éric s'est étonné de voir son ex-épouse les adopter.

Revenons donc à la linguiste Amanda Montell, qui constate que le langage utilisé dans ces groupes a une autre fonction : empêcher la critique. Les

1. Cette assimilation entre la richesse des gens et leurs qualités intrinsèques ou spirituelle vous choque ? Elle est pourtant une évidence aux yeux de beaucoup de coachs. La mienne n'hésite pas à défendre *It is spiritual to have money* (Avoir de l'argent est une forme de spiritualité). Dans le documentaire *Au nom du coach*, on voit Jean-Luc De Wachter se faire conseiller : « J'ai rien contre les pauvres. C'est leur croyance que j'aime pas. Je veux pas qu'elle me contamine. Parce que si j'ai la lèpre, et que vous me faites une grosse accolade, y a de grandes chances que vous preniez la lèpre aussi. » Une phrase d'une violence sociale indéfendable. Lors de notre entretien, ce dernier la rejette, bien sûr : « Ce n'est pas recevable, cette phrase. C'est sûr que si tu fréquentes des gens qui fument trois paquets par jour, c'est nauséabond pour toi. Mais cette phrase, ça ne correspond pas à mes valeurs. »

conversations ne s'y achèvent pas sur des arguments mais sur des formules sentencieuses, qui court-circuitent la réflexion. Un exemple dans le coaching ? « Je suis convaincu que rien n'arrive par hasard », « tout arrive pour une raison ». Quant au sceptique qui oserait questionner la méthode, on l'étiquettera comme possédant un « mindset négatif », l'équivalent moderne du blasphémateur. Dans la Scientologie, toute personne critique est désignée comme PTS, *potential trouble source*, « source potentielle de problèmes ».

De la Scientologie au coaching

Le fil que je tisse, à nouveau, entre des coachs et la Scientologie vous semble déplacé ? Vous vous trompez. Ron Hubbard, fondateur de la Scientologie, fut d'abord un ingénieur raté[1] reconverti – en public – comme auteur de nouvelles de science-fiction et devenu – en privé – un adepte de rituels sexuels prétendument magiques[2]. Si sa carrière a décollé, c'est parce que, grâce à ses connexions

1. « Mort de Ron Hubbard, fondateur de l'Église de Scientologie », *Le Monde*, 29 janvier 1986.

2. Hugh B. Urban, *Magia Sexualis: Sex, Magic, and Liberation in Modern Western Esotericism*, University of California Press, 2006. Ou encore John Symonds, *The Great Beast: the Life and Magic of Aleister Crowley*, Macdonald and Co., 1971, p. 392.

dans le milieu de l'édition, il a publié en 1950 un livre mêlant spiritualité et développement personnel intitulé *La Science moderne de la santé mentale*. Face à son succès fulgurant, il a développé une philosophie nommée dianétique (du grec *dia*, « à travers », et *noos*, « âme »), édifiée sur ses intuitions personnelles, des notions pseudoscientifiques et, vous l'aurez deviné, sur un test de personnalité[1]. Oui. Encore. Un. Test. De. Personnalité.

Convaincu de pouvoir nous libérer de nos pensées négatives et souvenirs douloureux, il fonde son Église en 1952. La Scientologie est née. Sept décennies plus tard, en 2021, *Le Monde* recensait de nombreux membres de la Scientologie exerçant comme « coach », « formateur », « consultant » ou « formateur en team building »[2]. L'article du *Monde* revenait sur plusieurs affaires troubles, notamment le cas d'Arcadia, ex-grande entreprise de BTP des Yvelines (une centaine de salariés, dix millions d'euros de chiffre d'affaires à son apogée), qui aurait été littéralement siphonnée par des coachs membres de l'Église de Scientologie – celle-ci contestant tout lien avec l'affaire.

Tout commence au début des années 2000, quand le patron est frappé par un drame personnel.

1. « Comment la Scientologie recrute sur Internet », *Rue89*, 2013.

2. Robin Richardot, « L'Église de scientologie en mission discrète », *Le Monde*, 9 avril 2021.

L'homme se tourne vers la Scientologie, le livre de Ron Hubbard trône bientôt sur son bureau. Progressivement, des adeptes l'influencent pour qu'il applique les préceptes de « management et gestion » hubbardiens. Un « entraîneur de dirigeants » nommé Eric Ianna[1], lui-même scientologue, est engagé pour faire passer des tests de personnalité aux employés. Ceux dont les résultats sont jugés insatisfaisants se seraient vu imposer des formations dispensées par la Scientologie[2]. Les sommes englouties atteignent des montants vertigineux. Un consultant externe, Cyrille Pincanon[3], haut gradé scientologue[4], aurait facturé en quelques mois 437 000 euros de missions de coaching. Ses interventions viseraient notamment à restructurer l'organigramme et instaurer des *training routines*, comme contraindre deux salariés à rester face à face pendant des heures, immobiles et silencieux, sans même cligner des yeux[5]. Douze salariés ont porté

1. Contacté par mail en juin 2025, ce dernier ne nous a pas répondu.

2. Emmanuel Fansten, « Arcadia, entreprise noyautée par la Scientologie », *Libération*, 10 septembre 2014.

3. Malgré plusieurs tentatives, nous ne sommes pas parvenus à le joindre, ni lui ni son avocat.

4. Élisabeth Gardet, « La Scientologie soupçonnée de noyauter une entreprise », *Le Parisien*, 25 juillet 2014.

5. Élisabeth Gardet, « Entreprise "infiltrée" par la Scientologie dans les Yvelines : pour les anciens d'Arcadia, les traces sont indélébiles », *Le Parisien*, 26 avril 2022.

plainte pour « harcèlement moral » et « abus de faiblesse », une information judiciaire est en cours.

D'autres figures connues du coaching et de la Scientologie sont impliquées, notamment Pascal Maffre, ce dernier ayant déjà été mêlé à une affaire similaire concernant la société Sogetram à la fin des années 1990. Ces coachs, qui sont bien sûr présumés innocents, auraient selon d'anciens salariés œuvré ainsi jusqu'au placement en redressement judiciaire de l'entreprise. Pour leur enrichissement personnel, pour financer le mouvement ou simplement par idéologie ? Le porte-parole de la Scientologie Éric Roux assurera à la presse à l'époque : « Nous n'avons rien à voir avec cette société. Il s'agit d'une affaire montée de toutes pièces pour nous nuire »[1]. L'avocate de Pascal Maffre, Maître Noémie Saidi-Cottier conteste de son côté l'ensemble des faits reprochés à son client qui « espère une relaxe ».

1. Contacté pour cette enquête, le porte-parole de la Scientologie Éric Roux estime que « depuis le premier jour, il était clair qu'il s'agissait d'actes personnels commis en dehors de la sphère d'activité de l'Église et n'engageant que ceux qui les ont commis ». Il avance avoir « agi conformément à ses principes et a écarté il y a plus de dix ans les personnes qui, ayant visiblement mal compris notre religion, ont cherché à s'en prévaloir sans aucune autorisation ni titre ».

« Un état de puissance jamais connu auparavant »

En septembre 2024, *Libération* révélait une situation similaire chez Capability[1], entreprise spécialisée dans l'accompagnement des personnes luttant contre des addictions. Des commerciales – surnommées « closeuses » – y déploraient l'influence d'un coach omniprésent, Cyrille, qui leur promettait « un état de puissance jamais connu auparavant » et les contactait de façon impromptue et très régulière. Pour le décrire, les salariées utilisent le mot « gourou ». Ce coach s'était selon elles bien gardé de révéler un détail : son nom complet est Cyrille Pincanon. Oui, le même qui est accusé d'avoir vidé les caisses d'Arcadia.

Et ce n'est pas le seul puisqu'un autre membre de la Scientologie connu dans l'affaire Arcadia, Pascal Maffre, a été mentionné dans la création de cette entreprise. Il est aujourd'hui coach en business, avec une jolie communauté sur les réseaux sociaux. Certains de ses clients l'accusent par ailleurs d'arnaque et ont publié un appel à se constituer en collectif via le site Signal-Arnaques. Son avocate assure sur ce sujet qu'il n'a pas participé à la création de Capability mais d'une entreprise homonyme basée en Andorre et défend que les clients

1. Emmanuel Fansten, « L'ombre de la Scientologie derrière un organisme de formation », *Libération*, 5 septembre 2024.

mécontents de ses coachings n'ont pas suivi sa formation avec sérieux : « Il ne va pas rembourser des personnes qui ne sont pas connectées, qui n'ont pas fait les choses dans l'ordre. »

Ces adeptes de Hubbard ne sont pas les seuls coachs accusés d'infiltrer des entreprises pour les dépouiller. L'association de lutte contre les dérives sectaires basée à Lille, le CAFFES, accompagne actuellement plusieurs membres d'une famille propriétaire d'une entreprise de deux cents employés, cliente depuis cinq ans d'un « coach en gestion d'entreprise » aux méthodes inquiétantes.

Recruté après le décès du grand-père fondateur, ce coach ne s'est pas contenté de guider la transition de l'entreprise générant des dizaines de millions d'euros de chiffre d'affaires. Il a affirmé pouvoir « communiquer avec les défunts », talent providentiellement adapté puisque les héritiers cherchaient justement à connaître les volontés posthumes du grand-père. Il organise des séances pendant lesquelles il change de voix et d'expression du visage, assurant que c'est le grand-père qui prend possession de son corps et qui dicte ses volontés. Il a même convaincu certains membres de la famille qu'il pouvait leur transmettre ce don de médiumnité. « Certains membres de la famille seraient maintenant persuadés d'avoir des pouvoirs de guérison et proposent leurs services en tant que guérisseurs et médiums », m'indique-t-on au

CAFFES. Certains autres descendants ont découvert le pot aux roses lorsqu'ils ont constaté les émoluments extravagants du coach : deux véhicules de fonction, mise à disposition gracieuse d'une dépendance familiale, et des revenus de 2 500 euros par mois qui s'ajoutent à un chèque de 150 000 euros versé quelques années plus tôt à un autre conseiller et thérapeute alternatif. S'agissait-il d'enrichissement personnel ? Bien sûr que non, rétorque l'intéressé : il ne faisait que respecter la volonté du défunt grand-père. Ils lui reprochaient également d'avoir noyauté l'entreprise, écartant les personnes qu'il estimait hostiles et faisant embaucher des proches. L'une des petites-filles du fondateur de l'entreprise a déposé plainte pour escroquerie avec abus de faiblesse.

L'affaire des barbouzes

Si contester ces pratiques de coaching expose les salarié·es, dirigeant·es et coaché·es à des batailles ou à de sévères représailles, et si les coachs eux-mêmes confessent leurs inquiétudes, comment pourrait-on réguler la profession de l'intérieur ? Le chantier est dangereux. Une affaire exceptionnelle mais révélatrice éclaire en effet le risque que prennent ceux qui l'envisagent. Baptisée « l'affaire des barbouzes de la DGSE » ou « l'affaire Légendes », elle implique non seulement des coachs, mais aussi des militaires rattachés aux services secrets (DGSE) et une loge maçonnique. Rien que ça.

La victime, Marie-Hélène Dini, est une ancienne responsable financière devenue figure de proue du coaching. Au début des années 2000, elle avait envisagé de devenir psychothérapeute, avant de se raviser face aux controverses secouant ce titre et concernant la déontologie de ses pratiquants[1]. Un décret voté en 2004 et appliqué depuis 2010 allait mettre fin aux dérives en restreignant l'accès au titre aux seuls professionnels diplômés d'un parcours reconnu par l'État, en clair aux gens qui ont suivi des études de psycho. Où sont allés tous les « thérapeutes » formés dans des écoles non reconnues ? Une partie[2] s'est dirigée vers le coaching, où les contraintes légales restent rares. Marie-Hélène Dini opte pour le coaching en entreprise, et ce sera un succès. Parce qu'elle obtient rapidement des contrats, notamment chez L'Oréal. Mais aussi par envie de former et parce que le meilleur moyen de gagner sa vie avec le coaching, c'est souvent d'y

1. La presse dénonçait ainsi par exemple l'existence de « soi-disant psychothérapeutes qui ne s'autorisent que d'eux-mêmes, animés par un charisme personnel, par l'appât du gain » et dont les pratiques allaient du « traitement des troubles mentaux graves au coaching ».

2. Le psychologue Nicolas Sajus confirme avoir observé un afflux vers le métier de coach lorsque la profession de psychothérapeute fut encadrée.

former. Elle va cofonder l'une des premières écoles de coaching en France.

Cette école lui importe car elle se décrit comme profondément attachée à la qualité de la formation des coachs, tant au niveau de la maîtrise des outils techniques qu'au niveau éthique. Elle insiste sur ce qu'elle appelle la « conscience de soi », ce qui désigne pour elle le fait d'être « attentif aux endroits et aux façons où je risque d'influencer volontairement ou non la relation ». Elle se fixe et aimerait fixer dans sa profession de nombreuses règles qui pourraient empêcher les dérives constatées dans mon enquête. Quelques exemples. Elle ne cherche pas à influencer ou guider ses client·es. Jamais elle n'accepterait de commenter ses séances d'accompagnement avec le ou la manager d'un·e coaché·e. Elle choisit également des lieux neutres, où l'autorité des managers ne s'exerce pas. Sa relation avec ses coaché·es ne doit jamais être parasitée ou détournée au profit des managers. Elle souhaiterait donc que les coachs soient certifiés par une autorité commune et qu'ils respectent des engagements déontologiques fondamentaux. La coach recommande aussi des mesures concrètes, comme l'obligation pour chaque coach de signer un code de déontologie et d'être supervisé·e par un tiers pendant ses accompagnements.

Ces sujets vont devenir de plus en plus importants à mesure que la profession grossit. Le métier de coach professionnel sera reconnu par le ministère du Travail en 2016, il est donc inscrit depuis au Répertoire national des certifications professionnelles (RNCP). Cela veut dire que les écoles qui respectent un certain nombre de règles administratives et pédagogiques peuvent délivrer un titre certifié à leurs étudiant·es. Mais attention. Cela ne veut pas dire que la formation qui y est dispensée a obtenu une reconnaissance de l'Éducation nationale ou du ministère de l'Éducation supérieure. Par ailleurs, ces titres sont très contestés. La philosophe Julia de Funès, qui a écrit sur le coaching, invite ainsi à ne « pas céder aux sirènes narratives des certifications » ou encore à ne pas se fier « aux certifications que certains brandissent avec fierté comme des sésames de légitimité, elles n'en sont pas »[1].

À la fin des années 2010, quand les ennuis commencent pour elle, Marie-Hélène Dini est considérée comme l'une des grandes figures du coaching. Elle dit avoir formé des centaines de coachs. Elle a aussi écrit en 2017 un livre de référence sur la formation en coaching et la déontologie (*La Formation au coaching : Déontologie et savoir-être*). Elle est en première ligne des projets de régulation de la profession.

1. Julia de Funès, « Coachs en management : ce qui distingue les professionnels des imposteurs », *L'Express*, 29 avril 2024.

En mai 2019, elle est secrétaire générale de l'EMCC (Structure européenne du coaching, du mentorat et de la supervision) et prend la tête d'un nouveau syndicat professionnel, le SIMACS (Syndicat interprofessionnel des métiers de l'accompagnement, du coaching et de la supervision). La profession fait face à des remous, aussi Marie-Hélène estime que la vingtaine d'écoles existant désormais doivent s'allier pour faire leurs demandes de reconnaissance de leur diplôme par l'État.

« Il a vu rouge et a décidé de m'éliminer »

Bénévolement et convaincue d'avancer vers une meilleure régulation et une plus grande homogénéité de la profession, elle consacre dix-huit mois à bâtir à la fois un consensus sur un code de déontologie commun et ce projet de reconnaissance au Répertoire national des certifications professionnelles (RNCP). Mais ces prises de position vont agacer l'un des concurrents et futur ennemi de Marie-Hélène, qui s'est braqué sur ses exigences : « Il craignait pour son chiffre d'affaires. C'est au moment où j'allais redéposer un projet commun RNCP qu'il a vu rouge et décidé de m'éliminer. » De l'éliminer ? Oui, vous avez bien lu.

« Ces violences me sont arrivées alors que je défendais la profession », me rappelle-t-elle lors de notre entretien.

Fin octobre 2019, cinq mois à peine après sa prise de fonction syndicale, Marie-Hélène est agressée par deux hommes qui la tabassent et lui volent son ordinateur pour accéder à ses projets de certification des formations en coaching. Ils la menacent : « Arrête toutes tes activités. Sinon, nous reviendrons[1]. » Arrêter quoi, exactement ? Ses efforts pour réglementer le coaching. Elle ne comprend pas. Comment pourrait-elle imaginer qu'on cherche à l'éliminer juste parce qu'elle souhaite un peu de transparence et de déontologie dans sa profession ? À l'été 2020, les menaces vont être mises à exécution.

Le vendredi 24 juillet au matin, deux hommes en noir, casquette vissée sur la tête, stationnent leur Clio noire sur un passage piéton au pied de son immeuble à Créteil. Un père de famille qui passait dans la rue est intrigué et alerte la police. Les deux individus, interpellés dans leur véhicule, s'avèrent armés : un Browning GP 35 9 mm et un silencieux. Aux policiers, ils disent appartenir aux services secrets français – ils sont en réalité simples gardes-barrières d'un site d'entraînement

1. Arthur Cerf, « Marie-Hélène Dini, coach en entreprise… et cible de faux tueurs à gages », *Vanity Fair*, 20 février 2023.

des services secrets – et avoir été missionnés pour éliminer une personne travaillant pour les services secrets israéliens. Un contact leur aurait assuré avoir l'aval de « Mortier » (nom de code du siège de la DGSE) concernant « l'autorisation du recours à une arme à feu ou à un explosif ».

Ont-ils cru, voulu croire ou fait semblant de croire à ce scénario invraisemblable ? Sans l'intervention de ce père de famille vigilant, une simple coach aurait été exécutée en pleine rue. Le lendemain, face aux enquêteurs, Marie-Hélène Dini encaisse cette question surréaliste : « Selon vous, pourquoi êtes-vous visée par une tentative d'assassinat à l'initiative d'individus membres de services de l'État français ou étrangers ? »

L'enquête révèle que ce projet a été fomenté au sein d'une loge maçonnique des Hauts-de-Seine nommée Athanor. Parmi ses membres, Jean-Luc Bagur, coach professionnel depuis 2007, superviseur de coachs et consultant en gouvernance d'entreprise. À la tête d'une société concurrente de celle de Marie-Hélène, il jouit lui aussi d'un train de vie confortable avec seize mille euros mensuels[1]. Mais, contrairement à sa rivale, il s'oppose farouchement au projet de certification et régulation de la profession. Selon

1. Timothée Boutry, Vincent Gautronneau et Jérémie Pham-Lê, « Tentative d'assassinat d'une coach : la dérive d'un chef d'entreprise qui se rêvait barbouze », *Le Parisien*, 28 février 2021.

lui, Marie-Hélène veut « tuer le coaching[1] » en le régulant. Sa conclusion : pour sauver le coaching, il faut éliminer celle qui veut le réguler.

Mise à prix : 70 000 euros

Bagur s'associe alors à un réseau structuré capable, par la violence ou l'assassinat, de recouvrer des dettes, d'intimider ou d'éliminer des adversaires gênants – élus, syndicalistes ou concurrents. Ce réseau compte des agents de la DGSE, des policiers et un ancien journaliste reconverti dans la sécurité privée. C'est ainsi que la tête de Marie-Hélène Dini est mise à prix pour 70 000 euros, une prestation très officiellement facturée sous des intitulés de formation et de coaching à l'école de Jean-Luc Bagur, qui a reconnu les faits lors de son septième interrogatoire[2]. Les policiers lui demandent ce qu'il entend par « intenter à ses jours ». Sa mort ? « Ben oui, voilà », leur répond sèchement Jean-Luc Bagur en clôturant ses aveux. Deux anciens ministres et un ex-député apparaissent dans le dossier, rémunérés pour avoir fait du « lobbying » pour la société de coaching de Bagur. Une vingtaine de personnes,

1. Laurent Valdiguié, « Projet d'assassinat d'une coach : révélations sur les barbouzes de la DGSE et de la franc-maçonnerie », *Marianne*, 1er février 2021.
2. *Ibid.*

présumées innocentes[1], sont aujourd'hui mises en examen pour meurtre avec préméditation, tentative de meurtre en bande organisée et association de malfaiteurs en vue de la préparation d'un crime. En mai 2024, le parquet de Paris a requis leur renvoi aux assises[2]. D'autres affaires criminelles sont à l'étude concernant Bagur, notamment l'incendie présumé de la voiture et de la maison de la sœur de son ex-compagne. « Sa famille a failli périr », témoigne cette dernière[3]. Le cœur du litige ? Un conflit autour du rachat de leurs parts de son entreprise de coaching. Il conteste les faits.

Après cette affaire, Marie-Hélène quitte le SIMACS, devenu « l'enjeu de luttes de pouvoir » et où elle considère qu'on lui a fait sentir qu'elle n'a plus sa place. Problème : personne au syndicat[4] ne possédait ses compétences en « ingénierie pédagogique » pour faire la demande de renouvellement de titre RNCP. Résultat, explique-t-elle : depuis, de nombreuses écoles, dont la sienne, se sont retrouvées sans certification, un vrai repous-

---

1. Jean-Luc Bagur est lui aussi présumé innocent malgré ses aveux, tant qu'il n'est pas définitivement condamné.

2. Matthieu Suc, « Affaire "Légendes" : un procès aux assises requis pour les barbouzes et les chefs d'entreprise », *Mediapart*, 31 mai 2024.

3. Timothée Boutry, Vincent Gautronneau et Jérémie Pham-Lê, « Tentative d'assassinat d'une coach : la dérive d'un chef d'entreprise qui se rêvait barbouze », art. cit.

4. Contacté, le SIMACS n'a pas répondu à nos sollicitations.

soir pour les candidats potentiels. « Les inscriptions ont chuté drastiquement. Économiquement, ç'a été désastreux pour les écoles qui ont perdu le titre », confie-t-elle. La pilule est d'autant plus amère que quelques autres l'ont conservé : « C'est le cas d'une école[1], dont le dirigeant est un proche de l'homme qui a voulu me faire tuer justement à cause de cette histoire de titre RNCP. » Et c'est aussi ainsi que les projets de régulation professionnelle sont restés lettre morte depuis 2021.

Cette affaire n'est-elle qu'un fait divers ? Ou confirme-t-elle que beaucoup de coachs sont déterminés à maintenir ce business mal réglementé ? En avril 2023, la DGCCRF publiait les résultats de son enquête auprès de 165 professionnels et établissements de formation en coaching : près de 80 % présentaient « au moins une anomalie concernant l'information délivrée aux consommateurs en matière de compétences, titres professionnels et mentions valorisantes ». Pour 20 %, ces anomalies constituaient des « pratiques commerciales trompeuses » pouvant engendrer « une confusion sur les qualités des professionnels ou les résultats attendus ». Alors, comment rester vigilant et ne pas se faire avoir face au coaching ?

1. Au moment où nous publions cette enquête, cette école revendique sa certification RNCP sur son site Internet et assure être finançable avec le CPF.

XI

Manuel d'autodéfense contre les coachs toxiques

Connaître les techniques de manipulation, c'est déjà commencer à s'en protéger. Pas complètement – notre cerveau reste un terrain fertile pour les biais cognitifs et certaines techniques sont très difficiles à contrer, même quand on les repère et les comprend. Mais créer cette petite voix intérieure qui murmure « attention » quand quelqu'un joue sur nos cordes sensibles avec un peu trop d'habileté est un premier pas.

L'idée n'est pas de devenir paranoïaque face à toute proposition commerciale. Encore une fois, il est évident que toute la profession n'est pas en cause. Ni de croire qu'il suffit de lire ce chapitre pour être vacciné à vie contre la manipulation. Mais identifier les mécanismes à l'œuvre, c'est reprendre un peu de pouvoir sur nos décisions.

Pour ce faire, j'ai plongé dans les manuels et les principes fondamentaux des techniques de persuasion. J'ai également partagé mon expérience et l'ai confrontée aux analyses de Robert-Vincent Joule, professeur de psychologie sociale et coauteur d'un ouvrage de référence : *Petit traité de manipulation à l'usage des honnêtes gens.*

D'abord prudent, il me rappelle que « ce n'est pas parce qu'on utilise une méthode d'influence sociale que l'on est forcément pervers, tout dépend du but ». Mais après une heure et demie d'entretien, face aux techniques que je lui décris, son verdict tombe sans appel : en cinq décennies de carrière, il a rarement vu des manipulations aussi finement rodées. « C'est abominable », « c'est vraiment toxique », « il n'y a rien de plus pernicieux que ça », commente-t-il. Le chapitre qui suit s'appuie sur l'analyse de ce spécialiste, des techniques les plus classiques aux plus graves. Ces pages n'auraient pas pu exister sans les témoignages de Julie et Adrien, deux anciens coachs qui se distinguent par leur volonté de décrypter le système d'emprise dont ils ont été à la fois victimes et acteurs. Adrien, coach sportif, a un temps été séduit par le coaching en développement personnel. Il m'assure avoir dépensé en un an plus de dix mille euros en formations sur le coaching et la vente, le tout afin de mieux vendre ses prestations de coach sportif. En épluchant les récits de Julie et Adrien et les nombreux documents qu'ils m'ont transmis – scripts de vente, échanges WhatsApp ou Telegram avec d'autres coachs, e-mails –, j'ai identifié des techniques de manipulation, parfois propres au coaching et toujours potentiellement dévastatrices.

1. La vraie-fausse urgence

« Attention, le prix de cette formation changera dans quelques jours ! » C'est la technique commerciale la plus basique et universelle. Mais je dois admettre que j'y ai probablement cédé. Certes, les prix des formations changent réellement, pas de mensonge pur. Mais ce changement n'est orchestré que pour pousser au paiement immédiat. Un classique du marketing, utilisé partout où l'on vend. Et donc dans le coaching, c'est de bonne guerre. Robert-Vincent Joule abonde : « Utiliser cette méthode de vente montre qu'on est sur un marché, le coaching n'est donc pas seulement un projet d'accompagnement, c'est aussi un moyen de s'enrichir. Ce n'est pas forcément dramatique. Mais la question à se poser c'est : est-ce que cette technique de vente est utilisée pour permettre au client de progresser ou juste pour enrichir celui qui la vend ? »

2. Le « pied dans la porte » numérique

Ensuite vient la technique du « pied dans la porte » – une vieille méthode marketing, probablement aussi ancienne que le démarchage commercial, théorisée par les psychologues Freedman et Fraser en 1966. Elle consiste à proposer un acte gratuit et peu contraignant, pour rendre une cible plus susceptible d'accepter ensuite une demande plus coûteuse en temps, en énergie ou en argent.

Ainsi, laisser un démarcheur franchir le seuil de votre porte lui donne des chances supplémentaires de vous vendre quelque chose. Tout simplement parce que refuser de lui acheter quelque chose après avoir accepté de le laisser entrer est une forme de contradiction inconfortable. Cela a été prouvé, expérimenté, documenté.

Cet effet, je me le suis infligé en visionnant des dizaines de vidéos gratuites de ma future coach. Robert-Vincent Joule confirme que ces contenus fonctionnent comme des « actes préparatoires » qui « augmentent la probabilité que vous continuiez dans la même voie en achetant leurs vidéos ». Il souligne aussi que les formules employées – « si vous souhaitez », « c'est à vous de décider », « si ma proposition résonne pour vous » – reposent sur l'« appel à la liberté » : insister sur le libre arbitre pour mieux inciter à se comporter comme souhaité.

Une variante s'appelle ironiquement le « pied dans la bouche ». Elle consiste à engager la parole de l'autre, le faire parler, s'exprimer un peu pour augmenter ses chances d'accepter une requête. Des expériences montrent que demander l'heure avant de solliciter de l'argent double les chances d'obtenir une réponse positive. Amorcer une vente par un simple « Comment allez-vous ? » peut suffire à faire grimper son taux de conversion.

Dans un document intitulé *Les Secrets d'un webinaire qui vend*, la coach Cécile Tardy vise précisément à nous apprendre à « passer la barrière psychologique » des clients en demandant, pendant un webinaire, la permission de leur « présenter une solution ». Obtenir cette permission contribue à conditionner le client à dire oui quand on lui proposera de sortir sa carte bancaire... Cécile Tardy résume ainsi : « Vous avez passé une barrière psychologique en une phrase ! » Youpi !

3. L'effet de gel

S'ajoute l'« effet de gel », que l'on peut définir comme notre propension à maintenir une décision même si les raisons initiales qui nous ont poussé·e à la prendre ont disparu. Des expériences sociales montrent qu'après avoir pris une décision, nous persistons souvent par confort intellectuel, préférant ne pas nous dédire.

Le chercheur américain Barry Staw l'a démontré dans les années 1970 avec des étudiants jouant aux apprentis managers. Ceux-ci devaient d'abord choisir quelle filiale de leur entreprise fictive recevrait un budget de développement. Quelques années – fictives, là aussi – plus tard, confrontés au même choix, on leur révélait que leur décision initiale avait été un fiasco – la filiale choisie n'avait pas du tout performé comme espéré. Pourtant, la majorité des étudiants persistaient à investir davantage dans cette filiale défaillante. Ils étaient « gelés ». « L'effet de gel est un cadre théorique qui permet de comprendre pourquoi il nous est difficile de faire machine arrière. Je prends souvent l'exemple d'un restaurant dans lequel on entre parce que le prix du menu nous semble intéressant. Même si on découvre une fois assis que le menu à bas prix n'est pas disponible le week-end et que nous sommes samedi, on va rester et passer commande », m'explique le professeur en psychologie sociale.

De la même manière, nous restons fidèles à une marque même si ses produits évoluent, perdent en qualité ou deviennent plus coûteux[1]. Dans mon

---

1. La notion d'escalade d'engagement, citée parmi les biais cognitifs les plus célèbres, est assez proche. Elle désigne le fait

cas, j'avais décidé de m'offrir la formation « Écrire, publier et promouvoir votre best-seller » essentiellement pour bénéficier d'un coaching en visio avec Anne-Claire. Au dernier moment, carte bancaire déjà sortie, j'apprends que cette option s'est évaporée. Pourtant, je maintiens ma décision, gelé.

Plusieurs autres coaché·es m'ont confié avoir vécu cette même situation.

Je pense à cette cliente d'Anne-Claire qui continue à faire appel à des coachs malgré ses déceptions répétées, Julie, qui a enchaîné les coachings malgré son compte en banque de plus en plus vide, mais aussi à Adrien, qui a persisté à suivre les conseils d'un coach célèbre alors même qu'il constatait que ses services ne répondaient pas à ses attentes.

---

de s'engager toujours plus sur un sujet afin de ne pas perdre la face par rapport à des choix antérieurs. L'exemple souvent partagé en la matière est un texte écrit par le sous-secrétaire d'État américain George Ball au début de la guerre du Vietnam et où il alerte : « Une fois qu'un grand nombre de soldats américains seront engagés dans le combat, ils commenceront à subir de lourdes pertes dans cette guerre [...]. Une fois que nous subirons de lourdes pertes, nous aurons entamé un processus irréversible. Notre implication sera si grande que nous ne pourrons pas, sans humiliation nationale, nous arrêter avant d'atteindre tous nos objectifs. » Une décision peut être motivée par le simple fait de donner un sens ou justifier les actions antérieures ou pour ne pas reconnaître une erreur, ici chaque déroute ou déconvenue militaire devient donc paradoxalement une raison de poursuivre le conflit. Vous pensez aux personnes qui continuent à jouer au casino parce qu'elles ont perdu, alors qu'elles espéraient gagner ? Oui, il y a de ça.

4. Le low-ball

Robert-Vincent Joule me parle d'une autre technique de manipulation, le low-ball, qui consiste à « amener un client potentiel à prendre une décision d'achat, soit en lui cachant certains de ses inconvénients, soit en faisant au contraire miroiter des avantages fictifs ». Selon lui : « Une fois la décision prise, l'acheteur aura tendance à ne pas la remettre en question, même lorsqu'il en connaîtra enfin le coût effectif ou les avantages limités. »

Je rougis. Cette description éclaire d'un jour nouveau mon histoire avec Anne-Claire. Après avoir découvert qu'elle me proposait de payer 2 500 euros pour un simple coaching, j'avais écrit : « C'est moi qui ai voulu croire que je serais coaché pour un prix que je trouve raisonnable. » Il manquait un pan de l'explication. Si je me suis inventé cette histoire, c'est aussi que j'ai été berné via le low-ball.

Car, oui, ça ne peut pas être innocent de faire miroiter un coaching en one-to-one sans en donner le prix. Si Anne-Claire fait ça, c'est bien parce qu'elle sait qu'en jouant cartes sur table elle limite la probabilité que nous passions à la caisse.

« Ici, on franchit la frontière entre technique de vente classique et manipulation caractérisée », estime Robert-Vincent Joule. D'autant que le low-ball s'accompagne de promesses destinées à « faire rêver » : « La formation s'appelle "Publiez votre best-seller". Par nature, un best-seller est rarissime. Il n'y a aucune chance pour que ce qu'on enseigne permette à chacun d'y parvenir. En revanche, cela peut convaincre beaucoup de personnes de l'acheter. »

5. L'effet d'ancrage, l'exemple personnifié et la pyramide

Connaissez-vous l'effet d'ancrage ? Il s'agit de fournir une information pour qu'elle devienne une référence inconsciente chez notre interlocuteur ou interlocutrice. Son efficacité est redoutable.

Dans les années 1990, des chercheurs en psychologie ont posé à un premier groupe de personnes la question suivante : « À votre avis, combien mesure une baleine ? » Vous pouvez jouer, pour voir. Alors, combien mesure une baleine selon vous ? Les réponses gravitaient autour d'une trentaine de mètres, estimation assez juste pour une baleine bleue.

Les chercheurs ont posé la même question à un autre groupe, mais juste après avoir posé une première devinette qui était : « Selon vous, une baleine mesure-t-elle plus ou moins de 49 mètres ? » Ce simple chiffre a totalement changé la donne.

En moyenne, les cobayes ont répondu soixante mètres[1].

Afin de déclencher ce genre de changement de perception, certains vendeurs ajoutent délibérément une offre commerciale superflue à leur catalogue. En marketing, on appelle cela l'effet de leurre ou l'effet d'attraction. L'objectif reste le même : amener la cible à considérer un certain prix comme légitime, voire avantageux.

Le célèbre coach français Max Piccinini explique ainsi dans ses documents de vente[2] sa « technique des trois offres » : d'abord un produit d'appel (livre ou coaching court) entre 30 et 500 euros ; ensuite un « produit phare » (une journée de formation ou un webinaire) entre 300 et 2 000 euros – celui qu'on souhaite réellement vendre au plus grand nombre ; enfin, un produit de luxe entre 2 000 et 50 000 euros, prenant la forme d'un coaching individualisé ou d'un séminaire exclusif. À côté du séminaire à cinq chiffres, le prix du produit phare vous semble plutôt raisonnable, non ? C'est précisément l'effet recherché[3].

---

1. Fritz Strack et Thomas Mussweiler, « Explaining the Enigmatic Anchoring Effect: Mechanisms of Selective Accessibility », *Journal of Personality and Social Psychology*, vol. 73, n° 3, 1997, p. 437-446.

2. Dévoilés en août 2022 par le youtubeur Vincent Flibustier.

3. Imaginons que je souhaite vous vendre plusieurs versions de ce livre. Je vous propose une version normale à 19 euros ou une version contenant quelques bonus et des chapitres supplémentaires

Jusqu'ici, rien ne distingue les coachs des vendeurs de voitures ou de donuts. Mais certains coachs vont plus loin. À force de visionner leurs vidéos, j'ai repéré une scène récurrente, presque rituelle : le moment où ils « confessent » dépenser eux-mêmes des sommes astronomiques en coaching.

La première fois que je l'ai remarqué, c'était dans une vidéo diffusée en décembre 2023 et intitulée « J'ai postulé pour travailler avec une nouvelle coach alors que j'en ai déjà 3 ». Ma coach Anne-Claire détaillait une partie des sommes qu'elle disait dépenser en coaching. On y apprenait que, selon elle, les coachings qu'elle s'offre fonctionnent beaucoup par des échanges Telegram et WhatsApp ou via des visios. Surtout, elle chiffrait leur coût total à plus de 100 000 euros sur l'année écoulée : « Je n'arrêterai jamais de prendre de nouvelles coachs et des nouveaux coachs, parce que maintenant que j'y ai goûté c'est un peu addictif. Cette année j'ai déjà dépensé 100 000 euros, mais si Kathrin Zenkina [une coach américaine] me dit

à 25 euros. Pour vous inciter à acheter la version augmentée, je vais en proposer une troisième, à 39 euros, avec un contenu proche de celle à 25 euros et quelques broutilles en prime du genre un coup de téléphone ou un remerciement manuscrit de l'auteur. Cette offre peu intéressante détournera votre attention et rendra celle à 25 relativement bon marché. Ainsi, vous serez plus nombreux ou nombreuses à l'acheter.

go, je signe demain. En fait, je ne me pose même pas la question, c'est une évidence pour moi. »

Ma première réflexion fut de me dire que c'était une erreur stratégique de sa part. Je me disais que le ou la coach qui admet dépenser autant d'argent risque de sembler crédule aux yeux de ses cibles. En réalité, c'est un effet d'ancrage particulièrement astucieux : si un·e coach accepte de dépenser six chiffres pour du coaching et parvient ensuite à en gagner sept, il semblerait logique que j'accepte de dépenser cinq pour espérer en gagner six[1]. « On joue sur le contraste perceptif, confirme mon spécialiste de la manipulation. Ces témoignages incrustent dans votre univers cognitif l'idée que le coaching peut être extrêmement cher. Ainsi, par contraste, la somme élevée qui vous est proposée va paraître moindre. »

Cette incitation à la dépense par l'exemple atteint parfois des proportions préoccupantes. Dans une vidéo de décembre 2024, le coach Julien Musy – l'un des mentors de Julie – dévoilait son alliance commerciale avec le célèbre David Laroche, lui

1. Je constate que les coachs déclarent souvent un rapport de 1 à 10 entre leurs revenus et leur budget coaching, ce qui normalise le fait de dépenser 10 % de ses revenus réels ou fantasmés en coaching. Dans le podcast *Combien ça gagne* animé par Clémence Lepic, le coach pour dirigeants Nicolas Half indique de même atteindre 75 000 euros de chiffre d'affaires mais dit dépenser entre 6 000 et 10 000 par an en formations et coachings.

vouant une allégeance quasi mystique. Il y affirmait que les décisions qui avaient transformé sa vie furent d'abord d'oser dépenser « toutes ses économies » pour assister à un séminaire de coaching de David Laroche, puis d'avoir emprunté de l'argent à sa mère pour devenir coach à son tour.

Face à ces images, je m'interroge : David Laroche a-t-il manipulé Julien Musy ? Julien Musy manipule-t-il son auditoire ? Les deux propositions sont-elles simultanément un peu vraies ? Où commence la manipulation ? Je sais que ce dernier a fait l'objet de deux signalements à la Miviludes et que plusieurs personnes interrogées dans mon enquête me l'ont décrit comme quelqu'un de très habile et manipulateur. Une impression subjective bien sûr. Si l'on dessinait une pyramide ou un arbre généalogique du coaching, Julie se situerait sous Julien Musy, lui-même sous David Laroche, ce dernier sous Tony Robbins[1], et ainsi de suite jusqu'aux fondateurs évoqués dans le prologue de ce livre.

La coach Céline Da Costa, l'une des coachs de ma coach, qui travaille avec Tony Robbins, ancre de même ses cibles commerciales : « Je me souviens quand j'ai fait appel à mon premier coach.

1. Dans un post LinkedIn, David Laroche parle de Tony Robbins comme un modèle et le compare à « un genre de cousin à Hercules » : David Laroche, « Je vais être honnête avec toi, j'ai eu un problème d'ego... », post LinkedIn, publié le 3 février 2021.

J'ai investi le double de ce que j'avais jamais gagné en un mois. Au moment où j'ai appuyé sur le bouton "payer", je devais tenir la main de ma meilleure amie et je pleurais. C'était terrifiant. J'ai récupéré mon investissement trente jours plus tard. Bien que je ne garantisse pas que vous obtiendrez un retour immédiat sur cet investissement (cela dépend de vous), sachez que de grandes choses se produiront lorsque vous vous engagerez dans votre transformation. » Sur la page d'inscription d'un de ses programmes, elle propose aux clients de postuler en choisissant eux-mêmes le montant qu'ils ont envie d'investir chaque mois pour obtenir les résultats qu'ils visent (*Right now I'm willing to invest*[1] *this amount per month to get the results I want*). C'est à eux de choisir entre trois sommes : 5 000, 10 000 ou 15 0000 dollars chaque mois. Joli exemple d'illusion de liberté face à un choix totalement conditionné.

Dans les documents que j'ai consultés et dans les argumentaires avancés par les différents coachs évoqués dans ce chapitre, je note le recours très régulier aux formules comme « Pour moi c'est une évidence » ou « Je ne me pose même pas la

1. Une fois qu'on l'a remarqué, on constate que ce mot d'investissement est utilisé par un grand nombre de coachs pour euphémiser le fait de dépenser de l'argent dans du coaching. Dépenser beaucoup est alors présenté comme une preuve de notre courage, de notre amour de nous-même ou de notre capacité à lâcher prise.

question », qui ne sont pas anodines. Après avoir ancré des sommes à quatre ou cinq chiffres chez leurs clients, les coachs les invitent ainsi à mettre de côté leur esprit critique, à ne plus se poser de questions. Malin.

Robert-Vincent Joule est stupéfait. Il estime que ces méthodes combinent un grand nombre d'« actes préparatoires » et de techniques qui rendent « extraordinairement difficile » de « faire machine arrière ». Il juge particulièrement « intenable » et « pernicieuse » la situation dans laquelle nous placent des phrases comme « investir pour obtenir les résultats qu'ils visent », en ce qu'elles font « miroiter un changement de vie » aux clients afin de leur faire accepter de verser des sommes très élevées.

Les similarités sont énormes entre cet argumentaire et celui de The Lighthouse, une entreprise de coaching britannique considérée par certains comme une secte. Fondée en 2012, elle promettait à ses clients qu'« investir » sur eux-mêmes via des programmes de développement personnel leur permettrait d'atteindre leur plein potentiel. Des adeptes ont raconté avoir versé des dizaines voire des centaines de milliers de livres sterling à The Lightouse[1], sans retour.

1. Catrin Nye, Natalie Truswell et Jamie Bartlett, « A Very British Cult: Inside Lighthouse, the life coaching cult that takes over lives », *BBC News*, 5 avril 2023.

Pour les convaincre, les hauts gradés assuraient à leurs cibles qu'investir beaucoup est le meilleur moyen d'espérer de hauts retours sur investissement et utilisaient la technique de la fausse urgence. Un adepte raconte ainsi que son mentor lui a demandé de lui verser 25 000 livres sterling, faisant valoir que le prix augmenterait s'il n'acceptait pas tout de suite et lui promettant qu'il récupérerait cet argent grâce à toutes les nouvelles opportunités commerciales qui allaient forcément arriver. Où allait l'argent ? Une enquête menée sur les mouvements financiers de l'entreprise a démontré qu'en quatre ans à peine, 1,2 million de livres sterling ont été versés à son fondateur.

6. Visualise ton bonheur

Une fois ce prix exorbitant ancré, il convient de faire rêver les clients et les clientes. Au sens propre. Bien des coachs utilisent pour cela des exercices de visualisation : s'asseoir dans une pièce et tenter d'imaginer ce que l'on ressentirait en devenant la personne que l'on rêve d'être.

Dans l'un de ses scripts de vente, le coach Julien Musy suggère de dire à une cible fictive nommée John : « OK John, maintenant imaginons que j'ai une baguette magique et que je puisse faire absolument tout ce que je veux avec elle, comment voudrais-tu que les choses soient dans trois-quatre mois dans ta vie ou ton business ? » Cela peut aussi prendre la forme d'une lettre écrite à soi-même dans le futur, ou l'inverse – imaginer la lettre qu'on écrira à ses enfants sur son lit de mort à la fin d'une vie accomplie. Adrien, également coach repenti, a assisté à ce genre d'ateliers d'écriture lors d'un séminaire. Il décrit : « Tout le monde était en larmes. » Ces exercices ont une origine spirituelle. De nombreux coachs affirment que le simple fait de visualiser et de se projeter positivement peut matérialiser nos rêves dans la réalité. De la pensée magique ? Absolument. Dans ses vidéos, ma coach Anne-Claire affirme régulièrement que penser quelque chose peut modifier la réalité[1].

Au mois de novembre 2024, dans un nouveau message de réclame, elle explique même à ses clients : « Vous êtes magique. Vous avez le pouvoir de changer vos pensées et de transformer votre perspective pour obtenir des résultats différents. Je reçois constamment des messages de personnes qui transforment leur monde intérieur et manifestent ensuite une nouvelle réalité. [...] Rejoignez-moi

1. « À partir du moment où vous allez décider de la valeur de votre travail, le monde autour de vous va s'ajuster », dit-elle dans une vidéo YouTube en juin 2024.

dans ma formation de coaching si vous souhaitez apprendre comment ! Prochaine rentrée en janvier [émoji étoile qui brille]. »

Dans ce texte, elle utilise, comme souvent, le terme « manifester ». Cet anglicisme ne signifie pas du tout de sortir dans la rue pour défendre une cause, ses droits ou ceux des autres. Il s'agit de s'astreindre à avoir des pensées positives, parce que cela permettrait d'attirer à soi les expériences positives dans la vie. A contrario, se dévaloriser nous conduirait à vivre des expériences négatives. Ce *manifesting* n'est qu'une nouvelle façon de désigner la « loi de l'attraction ».

Or, la loi de l'attraction, dont les risques ont déjà été présentés dans les chapitres précédents, peut être utilisée comme l'une des techniques de manipulation les plus sophistiquées qui soient.

Un exemple. Dans le documentaire *Au nom du coach*, qui raconte l'apprentissage du coaching par Jean-Luc De Wachter, on le voit se faire lui-même coacher. L'un de ses coachs lui suggère : « Deux fois par jour, vous vous répéterez le montant [de revenus] auquel vous aimeriez accéder. » Là encore, le but, c'est que ces mots répétés deviennent vrais. J'ai évoqué ces méthodes avec Marie-Hélène Dini. Celle-ci est catégorique, ces techniques n'ont pas leur place dans le coaching : « Il y a des choses avérées. Oui, pour certains sportifs par exemple, visualiser un geste précis peut être utile si on est dans une démarche de se préparer à le réaliser. On peut penser aussi aux simulateurs de vol, qui sont très utiles. Mais de là à visualiser des choses pour qu'elles surviennent, ça n'a plus rien à voir. »

Adrien dit avoir constaté que ces techniques ne font pas de bien : « Tu prends quelqu'un en déprime, qui a besoin d'aide. Mais tu ne l'aides pas, tu lui demandes de te décrire son rêve et après tu le lui vends. La personne va encore moins bien après, c'est logique et c'est dégueulasse à mes yeux. » Des études scientifiques menées chez des personnes souffrant d'une faible estime d'elles-mêmes ont montré que se répéter des messages positifs, du genre « je mérite d'être aimé » a tendance à aggraver le mal-être[1]. Si ces pensées peuvent sembler utiles à certains, il est prouvé qu'elles se retournent contre celles qui en auraient a priori le plus « besoin ».

Dans une vidéo diffusée à l'époque où Julie suivait ses conseils, sa coach Cécile Tardy donnait l'exemple d'un de ses clients, « David », qui l'aurait appelée parce qu'il ne parvenait pas à lancer le business de ses rêves. La coach dit l'avoir alors invité à afficher au mur un « tableau de vision de son grand rêve » et à se poser devant pour s'y « reconnecter ». En quelques minutes,

---

1. Joanne V. Wood, W. Q. Elaine Perunovic et John W. Lee, « Positive Self-Statements: Power for Some, Peril for Others », *Psychological Science*, vol. 20, n° 7, 2009, p. 860-866.

assure-t-elle, David a reçu deux SMS de deux personnes très importantes pour son projet. Cécile Tardy commente : « C'est pas arrivé par hasard. C'est ce que j'appelle un miracle, mais c'est pas un miracle qui a à voir avec le hasard, la chance. C'est arrivé à un moment très particulier où David était dans un état très particulier. J'appelle ça une synchronicité. [...] Je vous invite à retrouver des images de vos rêves et à les avoir sous les yeux pour vous y connecter le plus souvent possible, au moins le matin et le soir. »

Ces moments deviennent addictifs, assure Julie : « La visualisation, au bout d'un moment, c'est devenu de la magie. Je fermais les yeux et je voyais mes rêves, j'essayais de les sentir, de les faire venir à moi. C'était très agréable, un peu comme une drogue. J'avais envie de ressentir ça tout le temps. Et ça, les proches le sentent, cet énorme décalage entre le futur dont on rêve et notre présent qui empire. »

Le fossé avec ses proches s'est creusé davantage quand elle a commencé à les contacter pour leur proposer ses offres commerciales – logique, puisque « dans le système du coaching, tout le monde est potentiellement un·e client·e ou un ou une collaborateur·ice ». Progressivement, certains proches de Julie se sont éloignés. Dans certains cas, ces éloignements sont délibérément encouragés par les coachs.

7. La moyenne des cinq ou dix personnes autour de nous

« Vous êtes la moyenne des cinq personnes qui vous entourent. » Cette phrase, attribuée à Jim Rohn, pionnier du coaching, est devenue un grand classique que la plupart des coachés ont entendue[1].

On pourrait la comprendre comme une invitation à célébrer la diversité de celles et ceux qui nous entourent. Mais elle est instrumentalisée dans un tout autre but : inciter les coaché·es à s'éloigner de leurs proches qui ne seraient pas assez prospères ou suffisamment acquis au coaching.

Dans le documentaire *Au nom du coach*, Jean-Luc De Wachter reçoit cet enseignement : « Si vous regardez les cinq à dix personnes les plus influentes dans votre vie, si vous observez quelles sont leurs valeurs, combien elles gagnent par mois, comment elle gagnent cet argent, et que vous regardez la moyenne de ces personnes, en général vous arrivez à ce que vous gagnez vous. »

Le message devient alors plus explicite encore : « Donc, si vous voulez vivre autre chose, entourez vous d'autres personnes. Peut-être qu'il y a des personnes que vous n'allez plus voir du tout. [...]

1. France 3 a même consacré une émission pour défendre cette idée en 2015 : Vincent Lemaire, « Qui s'assemble finit par se ressembler », France 3 Hauts-de-France, 22 juin 2015.

80 % des personnes vont partir, les 20 % qui vont rester ça va être du costaud, du pour la vie. »

Pour certain·es coachs, être entouré de coachs est même un objectif affiché. Dans une conversation avec l'une de ses anciennes coachées devenue coach, Anne-Claire demande : « J'imagine que comme moi la plupart de tes amis sont aussi coachs ? » La réponse affirmative déclenche leur enthousiasme partagé. Difficile de ne pas repenser aux trois principaux « indicateurs de comportement » permettant de repérer des personnes victimes d'une dérive sectaire selon la Miviludes : changement radical de comportement, rupture avec les proches, allégeance au leader et au groupe.

8. Casse tes barrières, libère ton mindset de tes croyances limitantes

Selon beaucoup de coachs, la peur ressentie face à un manque ou avant une dépense importante n'est ni le symptôme d'une inégalité sociale ni l'expression d'une prudence légitime. C'est une pensée bloquante et encombrante dont il conviendrait de se débarrasser.

Cécile, la coach de Julie, lui a partagé de nombreux documents et argumentaires de vente. L'un d'eux, appelé « L'argent passionnément » et sous-titré « Honore ta valeur, honore ta money Queen », suggère à ses coaché·es de faire travailler leur cible sur leurs « croyances limitantes ». Elle propose ce genre de questions : « Dans quelle situation particulière as-tu tendance à trouver une excuse concernant l'argent concernant un de ces trois domaines : relations, business, argent ? Qu'arriverait-il si cette excuse venait à disparaître et que tu ne pouvais plus l'utiliser ? Qu'as-tu besoin d'abandonner ? À qui ça appartient ? »

Dans le cadre de cette même formation, cette coach a aussi fourni à Julie des documents destinés à avoir des « conversations courageuses » avec ses proches et avec ses cibles commerciales. Ces textes visent autant à former les futurs coachs qu'à les convaincre que se former au coaching est une décision judicieuse. Les apprentis coachs doivent notamment s'interroger sur leurs difficultés à « discuter avec [leur] conjoint/famille des raisons qui les ont motivés à s'endetter pour investir dans [leur] entreprise ».

Cette présentation est fondamentalement ambiguë : en fait d'investissement dans leur entreprise, les coaché·es ont surtout versé des sommes importantes à la personne qui leur fournit ce document. Et si conjoints et famille s'inquiètent, c'est précisément parce qu'il s'agit de dépenses, non d'investissements.

Robert-Vincent Joule y voit aussi une méthode particulièrement manipulatrice : « Le coach est une figure d'autorité. Si, dès que vous doutez, il vous dit : “C’est ta pensée qui”, alors vous ne pouvez plus y voir clair. C’est terrible. Il n’y rien de plus pernicieux que de faire douter quelqu’un de lui-même comme ça. C’est abominable en fait. Le piège est complet. Le coach interdit à une personne d’être autre chose que ce qu’il veut qu’elle soit. »

Lors de l’un de nos derniers entretiens, après plusieurs heures de discussion, Julie a eu ce résumé terrible de ses mois de relations avec des coachs : « Avec le premier, j’avais appris à créer du besoin sur les douleurs et failles des autres. Avec la seconde, j’ai appris à adopter et à transmettre le *fake it until you make it*. Mais la clé de ça, c’est que si le *make it* n’arrive pas, c’est de ta faute et de la faute de ton mindset. »

De plus en plus isolée, Julie se persuadait que si les choses n’arrivaient pas, c’est parce qu’elle n’était pas assez alignée avec ses rêves. Que si ses ventes ne décollaient pas, c’était en raison d’un mindset insuffisamment affirmé. Alors, elle « travaillait » sur elle et sur ses croyances. Et pour se convaincre, il faut des actes. Ce qui la conduisait à « investir » toujours plus dans le coaching et/ou dans les outils de marketing multiniveau.

C’est ainsi qu’elle a pu voir ses économies fondre, en doutant mais sans vraiment s’inquiéter : « On te dit que si c’est de pire en pire, c’est bon signe, cela montre que le changement arrive. Je me suis enfoncée. » Après avoir épuisé toutes ses économies, Julie a même emprunté pour continuer à être coachée et à entretenir l'espoir.

Adrien m'a également transmis une partie de ses échanges avec ses coachs. Ils révèlent la violence et la manipulation délibérée qui imprègnent certaines formations. Un exemple. Adrien fait face à une cliente, mère célibataire, qui ne peut plus payer son coaching sportif. Elle explique avoir déjà peiné à financer les fournitures scolaires de son enfant. Adrien en informe son formateur sur une boucle de discussion privée. La réponse est glaçante :

> Essaie d'insister sur la valeur que ça a pour elle de se reprendre en main / perdre du poids / retrouver la santé. Ce genre d'objections, ce sont des excuses [...]. Tu peux lui dire ses quatre vérités avec une forme adaptée à son profil DISC si tu as réussi à le capter.

La suite pousse encore plus loin dans le cynisme. Le coach lui conseille de « viser là où ça fait mal » :

> Dis-lui que, si elle ne signe pas, son physique va se dégrader et qu'elle n'arrivera pas à plaire aux recruteurs, donc elle n'aura pas un nouveau boulot et elle ne pourra pas mieux gagner sa vie.

Un argument efficace mais forcément dangereux puisque, assure Adrien, « les gens qui viennent nous voir en tant que coach sportif ont souvent une honte ou un rejet de leur corps, on est déjà sûr que leur fragilité est là-dessus ».

Adrien a suivi ce genre de conseils, un temps avec succès. Il dit avoir dégagé un salaire confortable en cumulant du coaching sportif et de la vente de formations. Il dit en avoir honte, aujourd'hui, parce qu'il sentait bien que ces mécanismes fonctionnent d'autant plus que les gens sont vulnérables.

Fiche technique : Portrait d'un·e coach dangereux·euse

Comment savoir si on est tombé sur un·e coach doué·e en paroles motivantes ou sur un·e manipulateur·rice dangereux·se ? Le site communautaire Signal-Arnaques commence par lister les red flags qui doivent alerter chez un·e coach.

– « Une grande partie des dérives du coaching provient de promesses qui sont déraisonnables. Oui, un bon coaching peut vous aider dans votre vie personnelle ou professionnelle... Mais il va par contre très rarement "tout changer". C'est un classique du monde de l'arnaque qui doit vous alerter. »

– « De manière plus subtile, certaines prestations de "coaching" servent en réalité à vous conditionner... pour acheter encore plus (et plus cher) de formations ou de nouveaux coachings. Le piège peut être redoutable d'efficacité. »

– « De nombreuses approches de coaching font aussi appel à des pratiques "New Age", ésotériques ou pseudo-scientifiques. Si on mélange coaching avec des termes comme PNL ou reiki (par exemple)... prenez garde. »

– « Si vous vous sentez culpabilisé (avec des phrases comme "tu n'y arriveras pas si tu n'y mets pas vraiment les moyens" ou "c'est parce que tu ne le veux pas assez"), c'est aussi un gros red flag. Que ce soit durant le coaching ou pendant qu'on essaie de vous le vendre. »

Inspiré par le dernier rapport de la Miviludes, Signal-Arnaques invite ensuite les coachés à se poser quelques questions parmi lesquelles :

Les formations ont-elles pour fondement des préceptes pseudo-scientifiques ou le discours d'un personnage emblématique ?

Le « livre d'or » (du ou de la coach) contient-il de nombreux témoignages décrivant des effets extraordinaires impossibles à vérifier et des guérisons systématiques ?

Tous les problèmes rencontrés seront-ils résolus grâce à une méthode « novatrice et révolutionnaire » ?

Un langage pseudo-scientifique est-il utilisé (par exemple : quantique, énergétique, vibratoire, etc.) ?

Les exigences financières sont-elles disproportionnées ?

Le ou la coach vous qualifie-t-iel d'être « spécial·e » ou « exceptionnel·le » ?

Critique-t-iel votre famille, vos ami·es ou encore les services de l'État ?

Vous propose-t-iel de manière insistante, ou à d'autres membres, de suivre également une formation, un coaching, des conférences, stages, séminaires, retraites, en France ou à l'étranger ?

Vous propose-t-iel une ou plusieurs séances individuelles particulières ?

Le psychologue Nicolas Sajus, qui a croisé beaucoup de victimes, et le fondateur de Signal-Arnaques Jean-Baptiste Boisseau, qui côtoie plutôt leurs entourages, donnent par ailleurs la même astuce pour repérer les déviances : prudence avec les coachs qui, sous prétexte de s'attaquer à un problème, entendent vous aider à changer de nombreuses facettes de votre personnalité ou de votre quotidien : alimentation, mode de vie, loisirs, vocabulaire... D'autant plus s'iels estiment « connaître mieux que vous-mêmes vos besoins et les solutions à votre bonheur », poursuit Jean-Baptiste Boisseau.

Engagée dans le milieu associatif depuis qu'une membre de sa famille a rejoint un mouvement à caractère sectaire il y a trente ans, Charline Delporte tient le même discours. La fondatrice du Centre national d'accompagnement familial et de formation face à l'emprise sectaire (CAFFES) résume ainsi : « Pour moi, dès que le coach commence à vous proposer des "à-côtés", ça doit mettre la puce à l'oreille. Plus ils interviennent dans votre quotidien, plus il faut se méfier. »

Marie-Hélène Dini estime enfin qu'un·e bon·ne professionnel·le doit répondre à plusieurs critères : a minima une formation certifiée, un travail personnel préalable, une supervision régulière par des homologues et l'adhésion à un code de déontologie. Sans ces garde-fous, la porte est ouverte aux dérives.

Ces signaux d'alerte, pris isolément, ne condamnent bien sûr pas nécessairement un·e coach. Mais l'intensité d'un signal ou leur accumulation doit vous inciter à la plus grande prudence.

Épilogue
Se faire démasquer, se faire coacher

Je me suis fait démasquer.

C'était un vendredi d'octobre 2024, plus de trois mois après mon inscription à la formation d'Anne-Claire. Mon beau mail de motivation avait visé juste. J'étais shortlisté pour un entretien avec Julia, membre de l'équipe rapprochée de ma coach. La visio était prévue à 14 heures, heure de Paris. J'avais préparé mes arguments, répété mon histoire.

Julia apparaît à l'écran, sourire professionnel de rigueur. Deux minutes de politesse. Je la sens gênée. Elle m'interroge sur mes motivations, je marche sur un fil. Puis la bombe : « Thibaut, j'ai fait mes recherches avant notre entretien. J'ai trouvé des articles assez… "Moi, coach et méchant". Vous pouvez m'expliquer ? »

Je calcule à toute vitesse les options : mentir ? Surtout pas. M'enfuir ? Ridicule. Je tente d'être honnête. Oui, j'enquête sur le coaching. Oui, j'ai de grosses réserves. Mais comment critiquer sans avoir véritablement essayé ? On reproche aux journalistes de juger de l'extérieur. Cette fois, j'ai voulu comprendre de l'intérieur. Prendre le temps, vivre l'expérience, tester sur moi-même ces promesses de transformation.

Julia m'écoute, elle a l'air sincèrement attentive. Reste un deuxième obstacle : les 22 000 euros. Je dois reconnaître que je ne pourrai jamais payer cette somme. Je tente une dernière carte : « Peut-être un arrangement ? Un coaching allégé ? »

Deux jours plus tard, la réponse tombera dans ma boîte mail :

> Bonjour Thibaut,
>
> J'espère que tu vas bien.
>
> Je te remercie sincèrement pour l'intérêt que tu portes aux services d'Anne-Claire et pour la confiance que tu lui accordes. J'ai apprécié notre échange, transparent et authentique. Après avoir pris le temps d'examiner ta candidature, Anne-Claire a décidé de ne pas donner suite à un accompagnement 1:1. Il est essentiel pour elle d'assurer un suivi de qualité et d'accompagner pleinement ses clients dans un cadre qui soit bénéfique pour chacun. Toute l'équipe se joint à moi pour te souhaiter beaucoup de succès dans tes projets à venir !
>
> Très belle semaine à toi,
>
> Julia

Me voilà excommunié du temple avant même d'y avoir vraiment pénétré.

Mais au fond, je me suis bien fait coacher.

Le coaching contemporain prend parfois la forme d'un savant mélange de contenus inspirants gratuits, de conseils payants, et d'un coûteux espoir de mentorat personnalisé. J'y ai goûté. J'aurais aimé aller plus loin, certes. Mais j'ai pris le chemin, j'ai essayé. J'ai ressenti l'attraction, la séduction. J'ai compris comment des personnes intelligentes, informées, critiques peuvent basculer. Il suffit d'un moment de fragilité, d'un besoin de croire, d'un vendeur particulièrement habile.

Les autres témoins de ce livre ont souffert bien davantage. Julie s'est reconstruite patiemment, remboursant ses dettes euro par euro, retrouvant un autre rapport à ses rêves – plus modestes peut-être, mais plus solides. Elle travaille aujourd'hui loin des mirages du coaching.

Adrien poursuit dans le sport, alertant qui veut l'entendre sur les techniques de manipulation qu'on lui a enseignées. Comme Diane, Amanda et Edgar dans leurs entreprises respectives, il tente de maintenir vivant un esprit critique face aux injonctions au bonheur obligatoire. Ils sont les relous, les opposants aux séminaires et espaces de « bien-être » qui posent la simple question : « Et si on améliorait plutôt nos conditions de travail ? »

André et Éric D. restent pris dans le tourbillon. Le premier bataille avec son ex-associée devenue « prêtresse », le second sait que les procédures judiciaires seront longues. Il en va de même pour la famille B. : des années seront nécessaires pour récupérer peut-être ce qu'un coach-médium leur a extorqué. Dominique a finalement fait le deuil de sa carrière, acceptant que certaines blessures ne se « transcendent » pas mais s'apprivoisent.

Quant à Marie-Hélène Dini, elle continue sa route avec une détermination que même une tentative d'assassinat n'a pu briser. Elle forme toujours des coachs, tente toujours d'insuffler une éthique dans ce milieu. Mais elle a renoncé aux instances représentatives, fatiguée des luttes de pouvoir. Son combat est devenu plus modeste, plus local : transmettre à ses élèves l'importance du doute, de la supervision, de l'humilité. Elle aura encore une épreuve à affronter : l'audience devant la cour d'assises est prévue pour mars à juillet 2026.

Quant à Anne-Claire, elle n'a jamais répondu à mes tentatives ultérieures d'interviews. Ses contenus continuent de promettre l'abondance depuis son paradis balinais.

Ce travail journalistique n'a pas pour objectif de discréditer l'ensemble d'une profession. Il existe incontestablement des coachs compétents et intègres, qui aident réellement leurs clients sans les ruiner ni les manipuler. Ils s'informent et travaillent pour affiner leur pratique, proposent des tarifs décents, refusent les promesses miraculeuses. Mais ce ne sont pas ceux que j'ai croisés dans mon enquête.

Les témoignages et documents que j'ai rassemblés révèlent plutôt un système où l'exploitation de la vulnérabilité s'est industrialisée. Je ressors de cette enquête avec la conviction que le coaching est devenu, par endroits, l'instrument d'une idéologie de la résignation souriante. Vous souffrez au travail ? Travaillez sur votre mindset. Vous êtes précaire ? Manifestez l'abondance. Vous subissez des discriminations ? Changez vos vibrations ou votre énergie quantique. Face aux violences structurelles, le coaching propose une réponse individuelle : adaptez-vous, acceptez, transcendez. Surtout, ne remettez jamais en cause le système lui-même. Ce qui séduit dans le coaching (tu as le pouvoir sur ta vie) masque donc sa violence fondamentale (ton échec sera ta responsabilité).

Le coaching fonctionne même à certains endroits comme une religion séculière adaptée à notre époque. Il possède sa cosmogonie (l'univers et notre destin répondent à nos pensées), sa morale (le succès est signe d'alignement spirituel), ses rituels (affirmations positives, tableaux de vision), son clergé (les coachs certifiés ou autoproclamés) et sa promesse de salut terrestre. Comme toute religion, il offre du sens et du réconfort. Comme toute religion, il peut aussi asservir. Contrairement à bien des cultes, il coûte très cher.

Cette industrie prospère sur un terreau particulier : l'effritement des solidarités, la disparition des espaces d'écoute gratuits, la précarisation généralisée du travail. Là où existaient des communautés, des syndicats, des services publics, s'installent des coachs – eux-mêmes s'étant souvent réorientés après un burn-out ou une mise au placard – facturant l'heure d'accompagnement et d'écoute. Le coaching n'est pas la cause de ces maux – il en est le symptôme et, parfois, l'accélérateur.

Ce qu'il me reste après cette plongée, c'est donc l'importance de l'esprit critique – non pas ce cynisme qui refuse tout, mais cette vigilance qui questionne les évidences trop vite servies. Il me reste aussi la conviction de l'urgence de reconstruire des espaces de parole non marchands, des solidarités qui ne se monnaient pas, des formes d'entraide qui échappent à la logique du profit. Nous sommes sûrement moins prisonniers de nos « pensées limitantes » que d'un modèle de société basée sur la croissance sans limites.

Remerciements

Merci à toutes celles et ceux qui ont bien voulu répondre à mes interviews pour cette enquête, et merci en particulier aux victimes des dérives du coaching.

Merci à la formidable équipe de *Les Jours*, site d'information indépendant et sans publicité, pour sa sympathie, pour son talent et pour avoir publié mon enquête « Moi, coach et méchant ».

Merci à Ariane Molkhou, directrice littéraire qui a eu la (bonne) idée de ce livre et qui m'a conseillé avec justesse et attention.

Merci à Sandra Monroy, responsable éditoriale, qui a accepté ce projet et m'a aidé à le concevoir et à le construire.

Merci à Guillaume Johannès, qui m'a assisté avec rigueur et intelligence dans la rédaction de ce livre.

Merci à toutes les personnes de Stock qui ont travaillé sur ce projet.

Merci à Amélie, Antoine, Chloé, Clément et à ma maman, qui ont bien voulu relire mon manuscrit quand j'en avais besoin.

Merci à Aline, Clémentine, Lola, Manon, Oror, Hugo, Julien et à la maison des surprises qui m'a accueilli si chaleureusement pendant la rédaction de ce livre.

Merci à Lou, Mona et à la maison des enfants, ma famille.

Merci à Clément et à Antoine La Louche, qui ont marché avec moi à l'été 2024.

Les témoins de ce livre

**Les prénoms et le genre ont été modifiés, pour préserver l'anonymat.*

Adrien, trentenaire, coach sportif et ancien coach en développement personnel. Séduit par le coaching, il a dépensé plus de dix mille euros en formations. Formé aux techniques de manipulation commerciale, il témoigne maintenant contre les dérives du système.

Amanda, quinquagénaire, employée dans la filiale Nord de la France d'une multinationale des transports.* Une coach lui a recommandé de « travailler sur ses résistances au changement » pour la pousser à accepter les dégradations de ses conditions de travail.

André, quinquagénaire, coach depuis vingt ans.* Il a eu pour clients les plus grandes entreprises françaises, est aujourd'hui dégoûté par les pratiques de certains coachs et tient à en dévoiler les côtés sombres.

Diane, trentenaire, agente du service public et représentante des personnels dans le service public. Une coach a été imposée dans son service face à un management brutal. Celle-ci a opté pour des méthodes futiles face à des problèmes concrets, et a détourné les enjeux collectifs vers l'individuel.

Dominique, septuagénaire, ancien personnage public de premier plan.* Coaché avec des méthodes infantilisantes et culpabilisantes, et une responsabilisation de ses propres souffrances.

Edgar, trentenaire, collègue d'Amanda, représentant du personnel au CSE.* Même coaching qu'Amanda. Conseils pour cesser de s'opposer à la direction, proposition de démissionner s'il n'arrive pas à s'adapter.

Elsa, trentenaire, ingénieure dans le secteur public de la défense.* Elle décrit un séminaire mené par deux coachs qui a eu un coût important et une utilité très relative.

Éric C., quinquagénaire, ancien cadre chez Michelin. Il a dénoncé le management et le coaching chez Michelin.

Éric D., quinquagénaire, conseiller en entreprise depuis quinze ans. Il a suivi plusieurs formations de Tony Robbins et a même marché sur le feu à cette occasion. Son ex-conjointe a vrillé, selon lui, en intégrant un institut de coaching appelé SANE, auquel le couple a versé près de cinquante mille euros.

Évelyne, trentenaire, manageuse dans la finance.* A été contrainte de révéler des fragilités en public par deux coachs.

Julie, trentenaire, thérapeute en shiatsu. Endeuillée et en échec professionnel, elle est tombée dans l'engrenage du coaching. Elle a perdu trente-cinq mille euros et se décrit comme victime d'emprise.

La famille B., à la tête d'une grande entreprise du Sud-Ouest. Elle a été manipulée et dépouillée de dizaines de milliers d'euros par un coach se disant capable d'entrer en contact avec les défunts.

Marie-Hélène Dini, quinquagénaire, coach et formatrice en coaching. Défend une vision éthique de son métier et a été victime d'une tentative d'assassinat dans ce cadre.

Mathilde, trentenaire, cadre chez L'Oréal.* Exposée aux initiatives « bien-être au travail » en entreprise (yoga des yeux, méditations guidées, webinaires psychologie positive), elle dénonce le décalage entre ces activités et la réalité du travail (surcharge, collègues en burn-out). En arrêt maladie au moment de l'interview.

Michel, quadragénaire, cadre dans une très grande boîte informatique.* Victime de harcèlement moral, il espérait une aide concrète. Son coach l'incite à « travailler sur lui-même » sans s'attaquer au harceleur.

*Sophie, déléguée syndicale accompagnant Michel**. A assisté à des séances de coaching « infantiles » et inutiles.

Table des matières

Introduction.......................... 7

I. Le Grand Rangement : comment
l'industrie du coaching teste les humains... 19

II. Mettre les humains dans des cases,
les remettre dans le rang 45

III. Chercher un. e coach, la trouver,
le payer............................ 71

IV. Quand le coaching bascule
dans l'irrationnel..................... 81

V. Et ils vécurent euros 101

VI. Souriez, vous êtes coachés 131

VII. Le nouveau coût de ma coach
est un nouveau coup dur................ 149

VIII. Croire son ou sa coach
jusqu'à la cuisson...................... 177

IX. MeToo coaching 207

X. En bande organisée........................ 229

XI. Manuel d'autodéfense contre
les coachs toxiques 259

Épilogue. Se faire démasquer,
se faire coacher 289

Remerciements 295

Les témoins de ce livre........................ 297

Cet ouvrage a été composé
par Nord Compo à Villeneuve-d'Ascq
et achevé d'imprimer sur Roto-Page en août 2025
par l'Imprimerie Floch à Mayenne
pour le compte des Éditions Stock
21, rue du Montparnasse, 75006 Paris
stock@editions-stock.fr

PAPIER CERTIFIÉ

Imprimé en France

Dépôt légal : septembre 2025
N° d'édition : 01
N° d'impression : 107609
32-07-4416/2